流離飄萍
杜潤枰戰時日記
（1939）

The Diary of Tu Jun-ping, 1939

民國日記 | 總序

呂芳上
民國歷史文化學社社長

　　人是歷史的主體，人性是歷史的內涵。「人事
有代謝，往來成古今」（孟浩然），瞭解活生生的
「人」，才較能掌握歷史的真相；愈是貼近「人性」
的思考，才愈能體會歷史的本質。近代歷史的特色之
一是資料閎富而駁雜，由當事人主導、製作而形成的
資料，以自傳、回憶錄、口述訪問、函札及日記最為
重要，其中日記的完成最即時，描述較能顯現內在的
幽微，最受史家重視。

　　日記本是個人記述每天所見聞、所感思、所作為
有選擇的紀錄，雖不必能反映史事整體或各個部分的
所有細節，但可以掌握史實發展的一定脈絡。尤其個
人日記一方面透露個人單獨親歷之事，補足歷史原貌
的闕漏；一方面個人隨時勢變化呈現出不同的心路歷
程，對同一史事發為不同的看法和感受，往往會豐富
了歷史內容。

　　中國從宋代以後，開始有更多的讀書人有寫日記
的習慣，到近代更是蔚然成風，於是利用日記史料作歷

史研究成了近代史學的一大特色。本來不同的史料,各有不同的性質,日記記述形式不一,有的像流水帳,有的生動引人。日記的共同主要特質是自我(self)與私密(privacy),史家是史事的「局外人」,不只注意史實的追尋,更有興趣瞭解歷史如何被體驗和講述,這時對「局內人」所思、所行的掌握和體會,日記便成了十分關鍵的材料。傾聽歷史的聲音,重要的是能聽到「原音」,而非「變音」,日記應屬原音,故價值高。1970年代,在後現代理論影響下,檢驗史料的潛在偏見,成為時尚。論者以為即使親筆日記、函札,亦不必全屬真實。實者,日記記錄可能有偏差,一來自時代政治與社會的制約和氛圍,有清一代文網太密,使讀書人有口難言,或心中自我約束太過。顏李學派李塨死前日記每月後書寫「小心翼翼,俱以終始」八字,心所謂為危,這樣的日記記錄,難暢所欲言,可以想見。二來自人性的弱點,除了「記主」可能自我「美化拔高」之外,主觀、偏私、急功好利、現實等,有意無心的記述或失實、或迴避,例如「胡適日記」於關鍵時刻,不無避實就虛,語焉不詳之處;「閻錫山日記」滿口禮義道德,使用價值略幾近於零,難免令人失望。三來自旁人過度用心的整理、剪裁、甚至「消音」,如「陳誠日記」、「胡宗南日記」,均不免有斧鑿痕跡,不論立意多麼良善,都會是史學研究上難以彌補的損失。史料之於歷史研究,一如「盡信書不如無書」的話語,對證、勘比是個基本功。或謂使用材料多方查證,有如老吏斷獄、法官斷案,取證求其多,追根究柢求其細,庶幾還原

案貌，以證據下法理註腳，盡力讓歷史真相水落可石出。是故不同史料對同一史事，記述會有異同，同者互證，異者互勘，於是能逼近史實。而勘比、互證之中，以日記比證日記，或以他人日記，證人物所思所行，亦不失為一良法。

從日記的內容、特質看，研究日記的學者鄒振環，曾將日記概分為記事備忘、工作、學術考據、宗教人生、游歷探險、使行、志感抒情、文藝、戰難、科學、家庭婦女、學生、囚亡、外人在華日記等十四種。事實上，多半的日記是複合型的，柳詒徵說：「國史有日歷，私家有日記，一也。日歷詳一國之事，舉其大而略其細；日記則洪纖必包，無定格，而一身、一家、一地、一國之真史具焉，讀之視日歷有味，且有補於史學。」近代人物如胡適、吳宓、顧頡剛的大部頭日記，大約可被歸為「學人日記」，余英時翻讀《顧頡剛日記》後說，藉日記以窺測顧的內心世界，發現其事業心竟在求知慾上，1930 年代後，顧更接近的是流轉於學、政、商三界的「社會活動家」，在謹厚恂恂君子後邊，還擁有激盪以至浪漫的情感世界。於是活生生多面向的人，因此呈現出來，日記的作用可見。

晚清民國，相對於昔時，是日記留存、出版較多的時期，這可能與識字率提升、媒體、出版事業發達相關。過去日記的面世，撰著人多半是時代舞台上的要角，他們的言行、舉動，動見觀瞻，當然不容小覷。但，相對的芸芸眾生，識字或不識字的「小人物」們，在正史中往往是無名英雄，甚至於是「失蹤者」，他們

如何參與近代國家的構建，如何共同締造新社會，不應
該被埋沒、被忽略。近代中國中西交會、內外戰事頻
仍，傳統走向現代，社會矛盾叢生，如何豐富歷史內
涵，需要傾聽社會各階層的「原聲」來補足，更寬闊的
歷史視野，需要眾人的紀錄來拓展。開放檔案，公布公
家、私人資料，這是近代史學界的迫切期待，也是「民
國歷史文化學社」大力倡議出版日記叢書的緣由。

導讀

高純淑
天主教輔仁大學歷史系兼任教授

　　近代中國戰亂頻仍，男女老幼、貧富貴賤，無不受到戰亂的影響，但有關戰爭歷史的記述多以男性為主，同樣在戰火中顛沛流離，在戰亂下從家庭到社會的婦女生活，逐漸受到研究者的重視。近年來坊間名人日記出版日多，惟少見女性日記，尤其是戰時的女性日記。民國歷史文化學社在編輯《關山萬里情：王貽蓀、杜潤枰戰時情書與家信》時，發現杜潤枰女士在十七歲流亡湘黔時曾經留下一年珍貴的日記，及相關的史料、照片，可以作為研究戰時青年或婦女的材料。

　　日記的主人翁杜潤枰，出生於江蘇省江陰縣祝塘鎮，九歲喪母，自幼富有自力更生、求學上進之心，自家鄉祝塘小學畢業，進入無錫綱南中學肄業。1937年抗戰起，年底杜家舉家輾轉遷徙至湖南長沙，至中日雙方在武漢會戰，戰火迫臨，家鄉相對安定，於是父親杜志春、繼母陳師孟、兄長杜鑑枰等於1938年7月前後相繼返回原籍，年方十七的杜潤枰則獨排眾議，暫留長沙，謀求繼續讀書的機會。得遇軍政部九十五後方醫院院長錢惠餘相助，補為看護兵，後升中士看護，隨醫院一路轉進，從長沙到沅陵，至辰谿。1939年6月入貴州銅仁國立第三中學初二復學，初中畢業後直升高中

部，再以成績優異通過會考，分發國立貴陽醫學院肄業。杜潤枰求學之路，吃盡千辛萬苦，受盡流離之痛，獨留1939年日記一冊，可見一二。

杜潤枰利用 64 頁薄薄的筆記本，以蠅頭小字，記述1939 年 1 月 1 日起的所見所聞所思，直至最後一頁12 月17 日戛然而止。1939 年前半年是在九五後方醫院擔任看護，隨醫院後遷沅陵轉進辰谿的時日；6 月後是向醫院請長假，赴貴州銅仁國立第三中學復學前後的周折。

近6 萬字的內文，可以看出幾件事情。一是流亡青年對返鄉與否的掙扎，杜潤枰在跳蚤上身時，不免痛罵「可恨的鬼子，害得我背井離鄉，拋棄父母兄弟，投入湘地，加入九五後院。」（1 月20 日）但是回鄉與否利弊難解，「倘不回，那能對得過父母終日渴望著孩子回鄉。倘回，說把我以後一切意志完全要消滅，無意於今世社會，然有何面目見父母呢？回不回，兩下的利弊真難分解。」（1 月24 日）「到後方去，出路又難找，回去又不能，金費日益急促。」（2 月13 日）可是為了自身的立業和求我夙志，及弟、妹日後發展，減少父親的負擔，就要繼續在外求學。其「一方面的家庭發展外，還得開發社會、改良社會，這是我的夙志。能達到家庭，必能發展社會，我要自屬。」（7 月19 日）

二是轉徙湘黔的艱辛：杜潤枰隨著九五後方醫院，2 月27 日從沅陵出發，4 月3 日到黃沙坪。「醫院開跋了幾月，改到今天的下大雨一定要走的，這是無力回抗的。他們官長有的是驕，又不管你們兩腳車也好，都要

走的。俟到十點鐘才開始走，因為行旅的慢，我們倆先走。向東坪的五里中真前不見行人，後不見來者，念天地之悠悠，獨愴然而涕下。」（4月10日）雨中長途跋涉，沿路遭逢空襲，徒步日行八十里，終於在4月23日到辰谿，5月1日遷潭灣。

經歷艱苦的過程，杜潤枰更堅定往後方，尤其是重慶繼續讀書的終極目標，4月22日就「想請假離院，可行李已到辰谿，返回沅陵已不可能」。6月10日，終於向院方請妥長假，「離開九五，離開潭灣、辰谿，離開一切同伴、同志。再見、再見！九五院各同志的後會有期」。

三是對社會腐化現象不滿：杜潤枰在追求自我實現的同時，日記中充斥對現實社會的不滿，諸如元旦日的上班，醫護人員的怠工，甚至到半數到班的情形，「請假一天，這是不願做事的請假。」（1月7日）至於醫、護之間，組、室之間，甚至男女員工之間的衝突，屢見於日記中，5月7日長達3頁對書記官的控訴，最為經典。6、7月間，接洽復學、貸款，又有一番挫折。

四是對湘西民俗的觀察。杜潤枰在沅陵，接觸到「沅陵辰州儺戲」（1月27日）、體會到飲食的異同「紅芋充當米糧」（2月1日）、及地方出產的桃源石（3月7日）等等，4月13日官莊到馬定驛八十里的路程中，看到當地老百姓「可是女的多數，或有一、二男子，都是煙容氣衰的。這裡的女子真健，每人背上背一個竹筐，裡面載了很多石塊，運輸東西用的。腳是大腳，穿草鞋，與苗子打扮沒有異處」。

　　杜潤枰日記，或許文辭多錯落、或許思想未成熟，惟透過十七歲少女拙樸的筆法，從中體會酸甜苦辣的流亡生活，是真情流露，毫無掩飾的。

編輯凡例

一、本書收錄杜潤枰女士 1939 年 1 月 1 日至 12 月 17
　　之日記，依原文錄入。

二、原稿已有標點者予以保留，若無則加具標點。

三、錯字、漏字、贅字等均不予更動，異體字、俗寫字
　　一律改為現行字，無法辨識文字則以█表示。

四、日記中無記載之日期，以〔無記載〕標示。

杜潤枰 1937-1943 年行跡

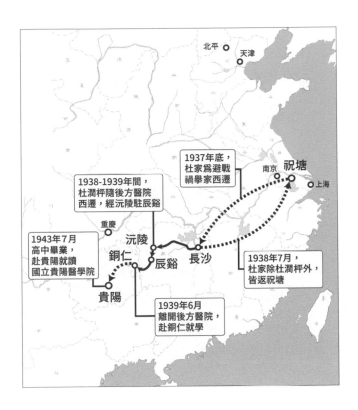

附圖

杜潤枰（後排左一）與第九十五後方醫院同仁合影（1939年）

杜潤枰（前排左一）與國立第三中學同學合影（1940年）

杜潤枰（右二）與國立第三中學同學合影（1942 年）

杜潤枰（右一）與江陰同鄉畢業同學合影（1943 年）

杜潤枰（第一排）參與貴陽青年夏令營（1943 年）

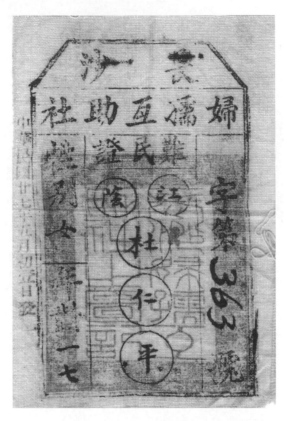

長沙婦孺互助社難民證

第九十五後方醫院臂章

軍用差假證

軍政部軍醫署第九十五後方醫院為給證證明差假事。茲有本院護士杜潤枰一名經准長假由辰谿往貴陽銅仁一次，核定自六月十日至六月卅日止為本證有效時期，合給此證。

院長　錢惠餘
中華民國廿八年六月十日給

一、此項差假證僅限軍人軍屬持用，此外不得借用。

二、持用此項差假證在職官兵必須身穿制服配戴符號證章，離職銷差者必須執有批准文件。

三、持用此項差假證乘坐車船應照章購票，並遵守車船一切規章。

四、持用此項差假證不得攜帶公務、貨物及違禁品。

五、持用此項差假證遇有檢查時應受一般檢查。

六、此項差假證逾期作廢。

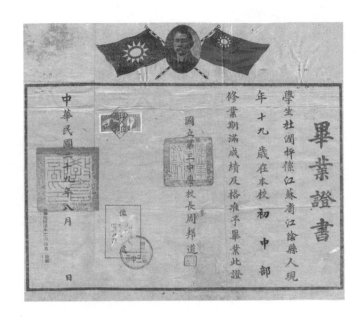

初中部畢業證書
背面有「初字第伍號」
字樣

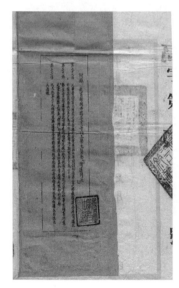

高中部畢業證書
背面貼有「教育部頒佈
國立中等以上學生貸金
『償還辦法』」

國立第三中學女子部二十九年度第一學期學生成績報告表

高中一年級學生 杜國祥

科目	學分	成績	附 說 明
公民	1	75	
體育	2	75	
國文	6	82	
英語	5	67.8	
數學	4	95.6	
生物	3	86	
本國史	2	80	
本國地理	2	85	
童軍	1	82	
音樂	7	78	
軍事看護	2	65	
家事	2	80	
操行成績		80	
學行成績		80	
總評		甲	

國立第三中學女子部二十九年度第一學期學生成績報告表

貴陽青年夏令營受訓證書

國立貴陽醫學院學生證

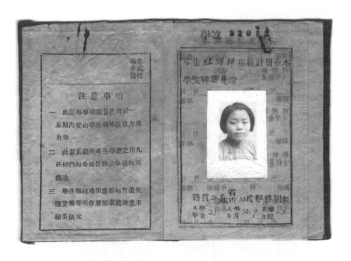

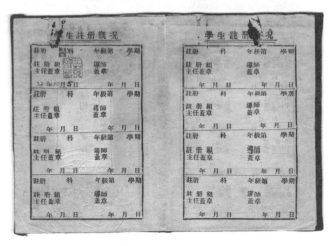

國立貴陽醫學院學生證內頁

國立第三中學校訓

E調　校　歌　4/4

張爾美邱望湘合作譜

Moderato

周邦道作詞

1. 5· 1 3 3 | 3 1· 3 2 5 | 1 7 6 7 1 | 3　2　5— |

"江通　雲夢　山接　巋叢" 國 學 廬陽　帶 礪 雄。

1 5· 1 3 3 | 3 1· 3 2 6 | 7　1 6　5 | 4· 3 2 1— |

"讌茂　康瓞" 垂為　校訓 "樸 茂 整 肅"　導之 學風

2· 3 2 2 | 5· 4 3 3 | 3 3 2 5 | 9 4 5— |

菁 菁 多士；陶 鑄 磨 礱，舞 趁 雞聲　氣 若 虹。

1 7 6 5 | 6 6· 6 5 4 3 | 6 5 4 3 | 2· 3 1 7— |

抗 戰 建 國，責 任 在 吾 躬：讀 書 懋 勉，報 國 精 忠！

1— 7　6 | 6 6 1 4 3— | 2 6 5· 4 | 3　2　1— |

佇 看 取，他 年 史 葉，留 將 幾 計　寫 黔 東！

國立第三中學校歌

日記原稿選錄

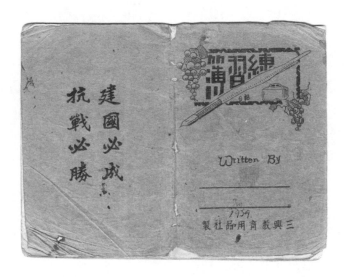

日記封面、封底

11 金大學的選夢孫已去去除而高生的[...]績，[...]範生的考大學[...]成績
[...]是又差我有一次的[...]得[...]出來，說是[...]毅毅的同學有[...]買[...]之
[...]說當然，或[...]有事實的[...]為[...]知[...]試，可見沒有此事又是師
範生太可憐，這次[...]得的[...]試，是因[...]九牛二虎之力才得[...]次的當
試向[...]用這[...]身在之讀後[...]師範生的[...]又是為[...]了[...]

12 去朋友[...]東[...]了[...]今天我也件青用箭樣的[...]石[...]
[...]的[...]一天生[...]人[...]大真[...]吃中廠的[...]得[...]喜先去信[...]
[...]等德，另邊終我只見[...]毛了[...]悶一看[...]然[...]一[...]出差[...]
[...]至[...]有[...]巴到了絕[...]公天[...]來了[...]時[...]種[...]德[...]來了請
了[...]次的[...]我[...]那[...]到今天最末一天[...]還是[...]的意思的[...]去[...]
人[...]沒用了[...]何[...]問[...]如此[...][...]把大事[...]議[...]計[...]
[...]也沒成[...]來[...]錢[...]婦又[...]雜[...]情克[...]今天帶來我
[...]很容易的[...]去見又[...][...]們[...]才是[...]一個[...]有用的人[...]連明天
[...]吃糖[...]吃[...]到[...]們吃[...][...]天明天[...]的[...]行
[...]沒有[...]回去[...]篇[...]晚火[...]我[...]生活[...]的[...]時[...]我們
[...]人在[...]所以[...]一方面[...]藏[...]打[...]時是[...]了的他走[...]我們
[...]時[...]在我們的[...]黑[...][...]向去了[...]和[...]回我們
[...]當[...]可天[...]出[...][...]他睡後[...]括才能[...]我們[...]
[...][...]作一些[...]息[...]他沒有什麼[...]讀[...]看[...]
他見[...][...]事[...]他[...]一[...]他[...]能[...]重[...][...]的
[...]睡不太良明

13 日[...]四[...]是我們[...]行時[...][...]行是[...]人[...]我們
[...][...]歸來[...]拼[...][...]感[...]趣味的
自動[...]任何人有的[...][...]個地[...]個[...]客[...]放在
自己[...]集[...]我們[...]看[...]還是睡吧[...]睡著
他[...]是[...]的談話[...]我[...]滿[...]睡[...]他[...]狠命
的[...]打[...]又是[...]醒了[...]就[...]的沖進房來[...]他[...]
在一起說[...]的[...]苦，[...]生兄[...]信[...]己[...][...]
[...]雜誌書籍[...]極[...]在照[...]加[...]成八成真
[...]我[...]得又[...]開口要[...]了。

14 月又[...]的[...]念今天[...]附[...]去看一次[...]先生[...]李[...]同學的
[...]明一[...]走的時間他們真[...]氣極了[...]吃[...]同來。

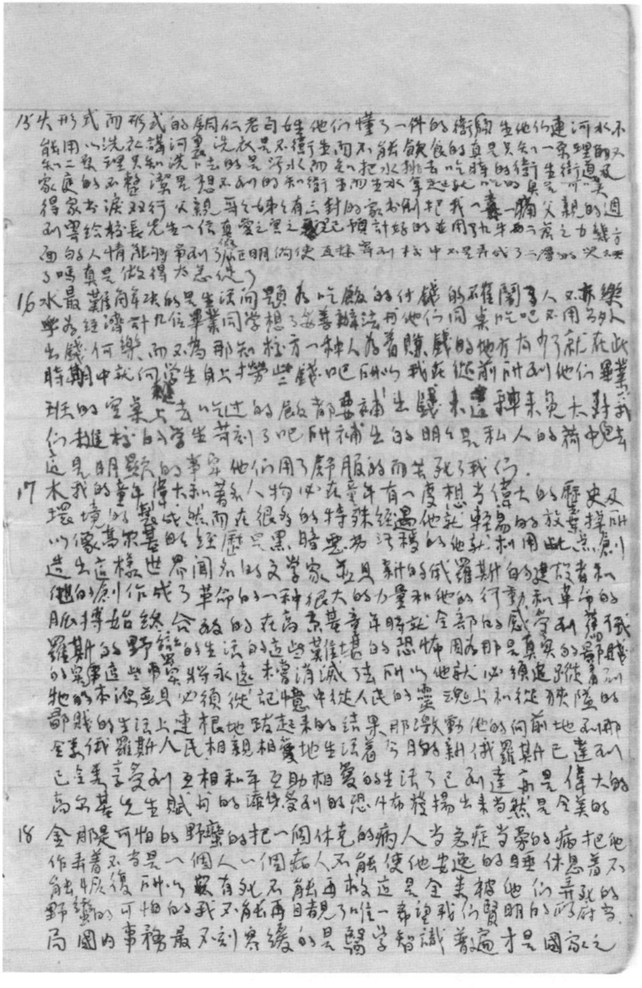

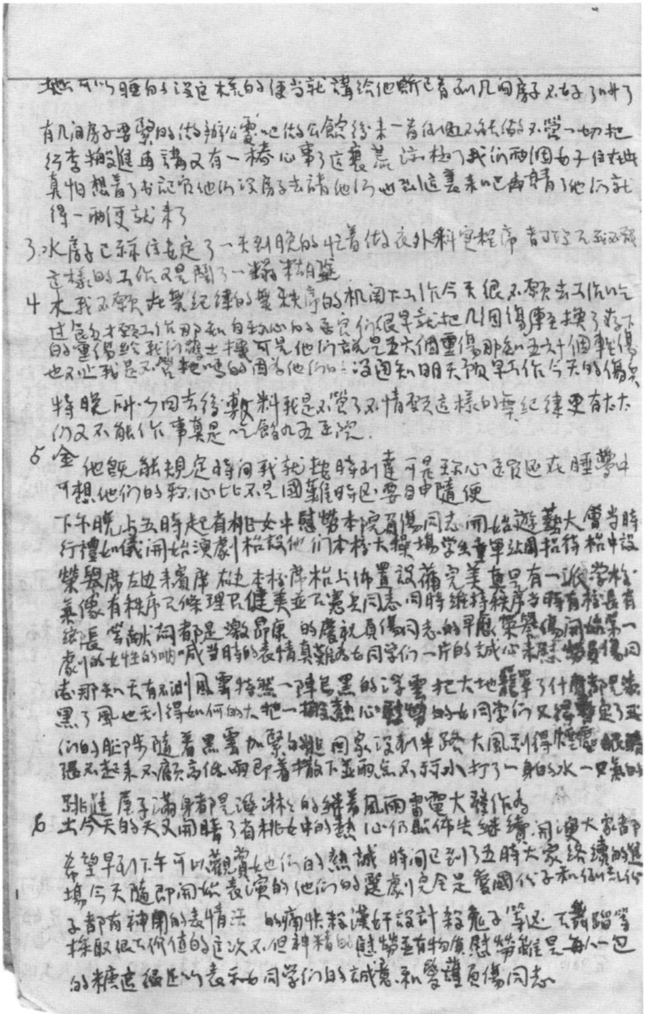

目錄

1939 年

1月1日　日　元旦

　　元旦的工作。元旦是一年中開始的第一天，也是萬物增齒的一天。以例無論何機關團體都停止辦公休假，可是九五院僅休假半天。早上很早，本組醫官來叫換藥，我是立即就走去的，看見他一副特殊的怪臉，與我無管，我做我的工作。把每天我換的傷兵先換完了，等了半天，他們兩位才慢慢來，臉孔仍是古怪的。真希奇，醫官不作事，還要打架子。現在的地位，祇有忍耐下去，沒有反抗的資格。回院本部捱到張醫官，談到工作事，他也一包灰，並且講到我無論那人都說你最能耐苦。誠然，這並不是他們贊的我快樂，這是我父親的訓戒言：「耐苦耐勞，守職勤儉」。今天的工作談，回憶父訓，以作立身座佑銘。

1月2日　月

　　特然又派內科室：走進軍醫室，史主任特向我講，派你到內科室工作。走進內科室裡，成了一塌糊塗。把什物收拾整齊後，又下一個命令，重傷須醫官，打了一夜牌，今天補工，叫我仍回病房工作。

1月3日　火

　　本院平劇組成之排彩，開同樂大會，下午開幕演戲。

1月4日　水

　　仍在重傷組工作，不得醫務室命令，不願善自

調動。

1月5日　木

本組共三個醫官，病了一個後，請王醫官代。那知今天又病了，請錢班長幫忙，到三點多鐘才完。四時，本院士兵集會。

1月6日　金

一場使人作三日嘔吐的言話。從他人得到史醫官為何請我，那知請我吃媒紅酒，要我到九三院去介紹女護士。因為我能最熟，而看我倒還很接近，把我丈二金剛也摸不著頭腦了。要我做引進人和代我做，老實講不要談起的，倘要在我面前講，就要不客氣的。

1月7日　土

請假一天，這是不願做事的請假。

1月8日　日

院長室開會：因院中各部工作人員到十一、二點鐘才辦公，必要急於打針，興奮起來精神，完全沒有預備全院軍事練訓。

1月9日　月

一院之主的院長命令下來，一個也沒有服從的。實在平時的待遇太刻薄了，沒有一個敬從和聽服。

1 月 10 日　火

醫務主任每天用的材料都由他蓋章照發，每次發下是折扣的。今天又領，仍是扣。那知外科室當然不夠用了，主任向藥局去交涉，結果反被司藥罵他的弊處。主任氣得沒辦法，要我們有了材料才工作，其實存了很富足在那裡。可是一組組的都先後出發，一個也沒有聽他命令，這種都是他自私心太重，有事時一個也不服他。

1 月 11 日　水

今天值日領材料，不知怎樣的把一碼膠布不翼而飛了，隨便之過，以訓來日做事必須小心細心，拿到東西務必檢點一下才放手。

1 月 12 日　木

接謝維鈞來信。政治機構雖有些變化，而對抗戰沒有多大問題，這是當然的事實。政治中心多少的堅固，任何的牽涉也不得移動的。

1 月 13 日　金

換藥時，傷兵要我做報告紙做手術。我又沒有資格，就叫戴醫官怎樣辦。那知他一番不客氣話，把傷兵氣得眼淚幾乎掉下來。我沒有辦法，醫官不簽名，要我怎樣答應下來，祇用言話安慰他了。他們這種神氣，不明自己到底服務而服務，生活而服務。

1月14日　土

到九五學到些醫官架子，階級觀念的深是無可救藥了。

1月15日　日

向硒洲去。

1月16日　月

傷兵向本院的鬧事是從沒有過，傷員兵圍住了院長室要十二月份的餉，交涉結果限三天發給。這次的鬧事真奇怪，特然而起的，或許有人在裡面作祟嗎？

1月17日　火

〔無記載〕

1月18日　水

近來發覺邱醫官的人格。

1月19日　木

叫師呼弟大家是好玩的，那知他動起手來了，那我又不是好搭的這種樣子。獸類也不如，牠們還有靈智，知道仁義道德。而你呢，恐怕不如嗎？社會的黑暗汙穢我是過不來的，還是早入山後還痛快些。

1月20日　金

在後方服務傷已有一年餘，經驗沒有得到，可是身

上蚤味也嚐到了。可恨的鬼子，害得我背井離鄉，拋棄父母兄弟，投入湘地，生活所迫，加入九五後院。天啊，沒有這次的逃亡，那有蚤的上身。因此服務傷兵，才看見蚤的多少，因為嚐試逃亡滋味，就知蚤的痛癢。鬼子、鬼子，為何迫到我這樣。

1 月 21 日　土

奉命遷移辰谿。外科室準備材料到藥房集合做，可是還不能完全到，分配好後，還要你少我多。第一次的工作就這樣不願做，我看吃辣子者還是回到家中去吃蠶便吧。

1 月 22 日　日

周副官房子缺乏，又暫定開跋。

1 月 23 日　月

湖南人的工作：他們的觀念與現在相差很遠的，思想幼稚。不為服務而服務，是為求認識人而工作的，終日的嘻玩著，工作時間稱心的來和不來。

1 月 24 日　火

平劇組開始排彩成立會。

得振平表兄來信準備回鄉，說為何母親回而不回，到現在想回嗎？倘不回，那能對得過父母終日渴望著孩子回鄉。倘回，說把我以後一切意志完全要消滅，無意於今世社會，然有何面目見父母呢？回不回，兩下的利

弊真難分解。

1 月 25 日　水

　　每天的工作終是不能滿意的，沒有一天人都能出席
的，只有半數。

1 月 26 日　木

　　內部的組織是紊亂的，無論那一部份都在鬧意見。
然而何必呢？現在是服務國家的時候，尤其工作緊張
時，還有什麼時間鬧意見嗎？

1 月 27 日　金

　　湖南風俗和初古時一樣的，臉上戴了面具，像跳戲
樣的。做到何人物換上一種，並且動作隨著更換，真使
人看了要作嘔的。

1 月 28 日　土

　　今天把信回他了，真笑話，舅甥稱起兄妹來了。我
也摸著頭腦，祇有暗暗的罵他，看他下次怎樣，或者回
信到家裡去告訴，問他「流浪者怎樣慰家鄉父母」。是
聰明人，一定能會意的，一定有圓滿的答覆。

1 月 29 日　日

　　「人格事大，生死事小」，委員長西安蒙難訓張恪
言。她亦是人，父母撫育成人，到現在給任何人瞧不
起，吐罵她人格掃地。旁人問我她是你怎樣認識的？把

我氣死了。我就發了一片議論，他們就認清我的為人，
最末一言發出，人無人格不立。

1 月 30 日　月

　　工作時聽到了一種特別緊張聲浪，大路上半武裝打
扮，名意為遊擊隊的，到街上立即散隊，像發步稍樣
的。我們的恐惶起來了，知道他們的人為不正的。得到
幾次的探聽才知為了前夜晚發生了一件人命搶劫案，他
們來解釋明白不是他們作的事，是九三院傷兵作的，這
才落下了一夥心。

1 月 31 日　火

　　自己的工作不能自己維持。

2月1日　水

各地的人情風俗大概是差不多的，然而因糧食的缺乏，就把紅芋充當米糧。我們的房東煮飯放的紅芋米，今天送來一碗飯，紅芋是烏黑的，吃時爛，飯是硬，所以一口的咀著，爛硬之別，我們亦已嘗試到，感得很有風味。據說每一季的出產，每一季當牠作糧食，米糧缺乏得很。

2月2日　木

賭錢的可惡到極點了，不知傷了多少好友誼的情感，這是聽到很多很多。隔壁人家為了賭錢輸了吵了一天一夜，夫妻就此失和。

2月3日　金

內憂未愈，何以抗外。每天東坪有土匪，甚至黃沙的郵政代辦所亦被劫。這種不好的空氣，一天天的俟過去，每天晚上遇旁著。

2月4日　土

命運是理想中得來的，人生是免不了的，惟劇烈和緩之別而已。然這次倭寇的侵犯，全中國人民都遭到這次的命運，甚至物質以及一切生靈都受到打擊，這種的命運還是每人都能受到的。像這裡的土匪，行客遭受，這是否是因該的嗎？做這種事的人良心何在？因當都上前方去加入抗戰，這才是算他一個人。

2月5日　日

流亡生活所謂甜酸苦辣，今天磨粉做糰子真有味。

2月6日　月

流亡中第一次發家中皮氣。今天是我們苦痛下的餘樂，做下幾個糰子，看了還能剩餘，我必定要送幾個李醫官吃。她是能知我苦衷的，各樣事都能代我謀劃的。出門之後，雖有許多義氣之人相助，可是都要你去供給，他們才認識你，所以碰到些人都是假面具的。惟李醫官這人，不但相助我許多痛苦，並且解決困難，這次一定送幾個她聊食心得。真好事多磨，事從中變，因為這次做是由幾人的，不是一人的，得到他們同意後才能決定。那知錢老太不識事務，定要多，兩人就發起意見來。

2月7日　火

終日無聊，郁郁思親。

2月8日　水

土匪真害人，把我一房間的人不能安眠。

2月9日　木

得同鄉的來信，有團體回鄉事，把我疑惑不定。

2月10日　金

終日陰，陣陣的下著雨，實令人可惱。

2 月 11 日　土

開始練大字，以做消遣。

2 月 12 日　日

和彭到李醫官家去玩，談及邱醫官人格都公認的，而且人事交際亦是要掃地。

2 月 13 日　月

坐視在院裡，真悶人。到後方去，出路又難找，回去又不能，金費日益急促。

2 月 14 日　火

將近過年，而我毫無過氣象。回憶去年闔家在一起時多麼熱鬧，而今寂寂一人。

2 月 15 日　水

正在思想著以後行蹤，不知如何是好。今天特接三信，有入川希望，真把我快樂得什麼似的。

2 月 16 日　木

本院組織真使人嘔吐，就講藥房一部份就可知悉了。每天發紗布三磅，因過年，兩天作一天發。多作一天，過年可以休息了。那知今天一天祇有三磅，真怪人，發兩天等發一天，這不是他們賺去了嗎？

2月17日　金

今天連天父親兩信，附上院長一信要我呈上。可是現在是馬疵和勢力社會，任你怎樣的告慰，他都給你的一笑。而何必惜父親身價，而給他一笑，太不值得了吧。可憐父親不知現在的社會不如從前，並你用了九牛二虎之力，僅得是零。為何不當初回去，而有今日的使父親刻刻關心著孩子，用千方百計使在外的孩子得安身。我以何報答父親呢？我祇有自勵，刻刻不忘父言，忍耐做事。

負傷同志客氣的很多。有兩個同志沒有一月重傷都好了，以此感恩，到過新年了，送來兩份禮物。倘不受他們的，這必定講我看不起他們了，他們既然誠意，我也就老實了。

2月18日　土

流亡第二年的除夕，在黃沙坪過。一人獨守著，真不令人流淚悲痛。一年年的踱去荒蕩，虛度光陰，怎不黯然流涕？獨守除夕，拋棄家鄉，骨肉分離，回首東遊，能不慨然？（錄宗德舅）

2月19日　日

元肖佳節，天氣仍是陰沉著，無處可遊。祇有孤獨自嘆，思想日後怎樣過下去。年齒增加，智識減滅，這是我人生最可惜的。一度門外的炮炸聲，更增一層苦悶。

2月20日　月

工作後，無聊著翻回以前的來信，各有精采。惟德舅信懷著鬼態，我不管他怎樣，各人有各人的目的。

2月21日　火

得院長諭，準定二十七日輕傷出發。

2月22日　水

終日無聊，下午時獨站在天井中，獨往獨反。細雨打在面上，迎風而觀天際浮雲，真如我現在的景況。土山被濛濛細雨籠罩著，不見真相，如我年輕無求學處，過的生活如在輕霧中。天快開晴吧，讓我開到辰谿，才見天日。雨漸大了，髮上如細珠掛著，輕輕移步回房去。

2月23日　木

看了老天仍是連綿細雨，不知何日才開晴。

2月24日　金

工作餘暇在房門外踢踺子，不料幾位傷官很奇怪的加入，邊笑邊踢，想踢又踢不起來。

2月25日　土

生平第一次得賄，奇怪。今天特得邱紹榮來信，內附郵票一角，好像窮得我一角都沒有，作這種醜態，真痴人。

2月26日　日

醫院開拔在即，不買炭了，我們的飯也沒有吃了。女勤務很貼心的代設法取柴火，他想到前面房東家很小氣的，那知賊不易做的，拿到手七零八落的一直掉到房門口，真把我們笑死了。這種樣子，流亡途中也難遇的，奇事一節。

2月27日　月

我們幾人在房中作的事都是動筆的，多喜管閒事的人冲進房來。奇怪，各人有各人的事，就不約而同的大家停止下來，不給他看。那知他不明為何定要看，並且作瘋子樣的要著。看你愈是這樣，我們更不答應，到後來最後勝利仍屬我們。

2月28日　火

〔無記載〕

3月1日　水

得三信，父母舅家。宗德舅把我快活極了，惟德舅一信把我氣得什麼似的，仍是兄妹，那一個要他稱妹，真壞。連問幾次，信不答覆我。倘下次仍如此，我要回去告訴父親了，不要說我太無情。

3月2日　木

事實當然這樣的證明著，可是我不管。我是聾子就得了，始終是這樣的一個人。

3月3日　金

謝維來一快信，在他們幾同鄉看妒忌極了，為何信給我的多，他們當了什麼似的。而我又是極坦白的給大家看，大家是朋友，有何疑心？我是始終是一個我。

3月4日　土

今天又翻出許多的信。家裡的信最多，言詞最能關切和分咐，父母愛子之心達於極點，真是翻得家書淚雙行。到德舅信時，不亞家書的多，每封中都有幾句含有深刻的意思，後來幾次更顯明。這些青年真危險，自己學業還沒有求到，就用這些窮心思，真使人討厭。

3月5日　日

〔無記載〕

3月6日　月

這幾天信也收不到。

3月7日　火

今天請他們到東坪去雕的印是桃源石，以作紀念。

3月8日　水

同鄉是好的，大家在一處的，也不乘便叫一聲。只亦不是我一定要加入的，那有冒昧得極的吵席，我也不是這種人。

3月9日　木

連月下著雨，天氣仍是暖和的。每天晚上作著大雷，把我鬧得一夜不能安眠，不想山居多處有這樣的大雪。

3月10日　金

又得德舅來信，其中所言還有些犯著那種病，最令人發笑的「頃接志春叔來信，托兄設法妹來敝校讀書」。真笑話來了，她的父是哥，自稱兄，她是妹，這種事是獨無二的了。我不明是何用意，既要我寄給他家作移花接木，又沒有以先的通知，這不易猜度了。

3月11日　土

醫院的開跋，續日的延著。院長想把太太囚在此地，就算他的好手段，可是人是活的，你用了千方百

計，他仍能作他的事，沒有辦法囚住的。所以整個的醫院就送一人身上了。

3 月 12 日　日

生性小時習慣是不易脫掉的，現在地步必須要切實痛改的。至於今天的「從前你待人很客氣的，現在不客氣了，而我仍對你很客氣的」，客氣與否各人處世的手段，而你這種粗狂的人有何客氣可以客氣？然而自己亦知道自己之違失不易知道的，那麼這些微小的事而放在心上，不是太不上算吧。

3 月 13 日　月

這幾天晚上談談醫院的組織。

3 月 14 日　火

〔無記載〕

3 月 15 日　水

得父親信須隔一星期，後即有一信回去，等於見面。

3 月 16 日　木

社會的腐化在此種流亡中略得一二。史主任晚上無事，到房中談談詩，抄下幾首：

安貧詩　杜甫

破衲頭，無價寶，補上加補年年好；

盈箱滿籠替人藏，何曾件件穿到老。
黃葉菜，用鹽炒，只要撐得肚皮飽；
若用滋味好貪求，許多付仰曾煩惱。
硬木床，鋪軟草，高枕無憂鼾不了；
錦衾繡褥不成眠，翻天覆去到天曉。
破房屋，只要掃，及時修理便倒；
近來多少好樓臺，變成瓦礫生青草。

冰冷酒，一滴、兩滴、三滴；
丁香花，百頭、千頭、萬頭。

棗棘為薪，截斷劈開成四束；
閫門起屋，移多補少作雙間。

皂莢倒垂千錠墨，芭蕉斜捲一封書。
雪壓竹枝頭著地，風吹荷葉背朝天。

天上月圓地上月半，月月月圓逢月半。

月月月圓，八月月圓月皎潔；
更更更鼓，五更更鼓更淒涼。

3月17日　金

　　這天鬧著人言可畏的事，乘機的我又可多得些做人
經驗。

3 月 18 日　土

　　為了不俟餓，只得自己動手煮飯。像湘西的鍋，非大哭幾次才能飯到肚。

3 月 19 日　日

〔無記載〕

3 月 20 日　月

〔無記載〕

3 月 21 日　火

　　連得哥哥及父親附來幾個通訊處，父母思子之心可見切矣。

3 月 22 日　水

　　這幾才算於晴了，好像家鄉四月時令的溫和。

3 月 23 日　木

〔無記載〕

3 月 24 日　金

　　在昨天的半晚起，直到今天晚上，仍是刮著很大的風。

3 月 25 日　土

　　人與人之間的應付人情實是可畏。像現在終算不開

口了，那知今天說一聲請留些清水可以洗碗，不料她就有心了。人事的應付竟有這樣的難。

3月26日　日

一個的吃最重要的。因為院長賺不到伙食錢就停止了，可要把我們倒要忙壞了，每人的吃都鬧得不亦樂乎。

3月27日　月

破壞那一個不會，恐怕建築就難了。把一個堂皇的書記室在十分鐘的一剎那就拆得烏有，已到了各寢室中冲燃料用了。

3月28日　火

人事應付真復雜。可想今天的事，實在不明白了，為何一句話也不能講了，那麼從今起不值得與她交談了。今夜的月色真好，蹀步月下，信口而出：

銀夜蹀步思鄉親，晨星仰望嘆人生。

3月29日　水

工作完後回家，遠遠就聽到一陣讀書聲。近房時，那知就在房門外，有十多個小朋友讀著十九世紀的詩書，還是從一般的私熟學校，惟女學生亦有一、二個錯雜於中。可憐中國教育還沒有普及到此，湘西不得不教育落於水準下。

3 月 30 日　木
〔無記載〕

3 月 31 日　金
現在的社會都是空口亂講，無利沒人情。

4月1日　土
〔無記載〕

4月2日　日
　　光面的人結底，是給人家一個看不起她。

4月3日　月
　　醫院到現在還存在黃沙坪。家中的信十多天沒有回去了，沒有確定時期又不能寫回去，真悶人。

4月4日　火
　　希望到底的皮鞋，今天已告完成。

4月5日　水
　　每逢佳節倍思親，年年祭掃慈母墓，獨有今年孤守於此，於心何忍。

4月6日　木
　　接到吳德基先生來信，是很客氣的，並且可以資助我。只都要歸功於父親，信任他就對他的子女得有相當的幸福。

4月7日　金
　　四百里的行程，每天下午試練著爬山。

4月8日　土

今天的成績最好了，爬到最高峰上，有一家老百姓住於此。望去四周都在眼帘中，這是多少的幽靜和舒暢，真是世外風光。

4月9日　日

恐怕身體不好嗎？半月還沒有，今天又來了。在此時期中女人病還要害起來，真討厭。明天又要開始行路了，真麻煩。

4月10日　月

醫院開跋了幾月，改到今天的下大雨一定要走的，這是無力回抗的。他們官長有的是驕，又不管你們兩腳車也好，都要走的。俟到十點鐘才開始走，因為行旅的慢，我們倆先走。向東坪的五里中真前不見行人，後不見來者，念天地之悠悠，獨愴然而涕下。

那一個撒下的輕煙把我們置於煙霧中，不見一個行人。雨仍是那麼的大，像水鴨樣的俟到了東坪，又開始我們三十八里的行程。雨稍小了，煙霧也很快的辭別土山，像我們辭別黃沙坪和東坪一樣。天氣已帶晴朗色，一路的風景真難妙寫，平坦的水田，行人在上過去的倒影尤其幻妙。岸邊綠樹新發苞芽，在城市的人和不能耐苦人不易領略到的，或許為行人解勞，而生長出許多的美景。到下午四點鐘，俟到了坪溪，房子很缺乏，並且糧食沒有地方可買到的，幸而有一個負傷同志代我們去找。

4 月 11 日　火

　　坪溪→太平舖有八十里，並有十五里的山坡，開始就有一行人爬到山高處，已每個人都是喘個不定，不能再繼續走了，就坐下休息。到這時又可以眺望四景，一陣陣輕從從樹林中逃出來，我的腳邊也在逃出輕煙。山上的樹木是一定很多的，真別有天地，精神為之一爽。身上發冷了，仍繼續前進著，兩邊是山，在山澗中走著，又有二十里光景沒看見一個老百姓。據說土匪出沒，這裡最多，現在已肅清了。兩旁山上的奇異花草更多，尤其杜娟花的姣豔、太平花的潔白、無名花的奇香，把一切疲勞都付之身外了。山溪的流水聲打破一路的寂莫，振掉行程的痛苦。走到快近處，山溪中的圓石，太陽照射後發出紅綠不等的偉大色彩。身體也累了，病仍很重，連一步路不能走，在苦痛中俟到了太平舖，已沿公路了。東西有的是了，可是貴很不能預料。

4 月 12 日　水

　　太平舖→官莊三十五里。今天的苦真算從未受到的，病更重了，兩腿痛得一步也不能走了。這是沒有辦法的，幸而路程不多，而又平坦的公路。走到時叫苦不出口，有那一個可以代想法呢？祗有自己俟著苦向前奔去。

4 月 13 日　木

　　官莊→馬定驛八十里。一路出來，老百姓看見了，可是女的多數，或有一、二男子，都是煙容氣衰的。這

裡的女子真健，每人背上背一個竹筐，裡面載了很多石
塊，運輸東西用的。腳是大腳，穿草鞋，與苗子打扮沒
有異處。今天走到三十里時，實在不能續下去了，祇求
李醫官的驕子給我當代步了，他已很原諒我的痛苦，就
給我坐了。到了湖南，今天也嚐試到湖南驕的滋味。

4月14日　金

馬定驛→涼水井五十里。今天已能恢復疲乏了，仍
是一個先行隊。雨仍下得很大，泥水沾到行程鞋是通濕
的。馬路的屈折與分抄小路相差三分之一的路，把我們
煩得。五個人分了五隊走，微小的緊張不免的。遇到近
涼水井車站時，已有一位看護班長要我們不必再走，因
為今天的目的在沅陵。為了院長先有命令，涼水井設一
分院，要我們暫留駐此地，只得進街去。房子很缺乏，
沿途都是難民的經榮攤，只好住到招待所去。五個人濟
在一被中休息，長夜濟得不可以說了。

4月15日　土

二十里到達沅陵。因後隊沒有趕上，住在陶飯舖，
所以鹽油沒有，飯吃不成就上。早就趕往沅陵，雨更大
了，鞋子燒壞了，沾了半身泥水，與乞士無異。軍用車
特多，一望而知後方都市，先見到傷兵帶到。院長旅
館在對河，隔一條沅江，還要渡江過去的，二分錢渡一
次。走上大街，因雨太大，無心去看兩旁，只見行人很
多，忙碌往來。走到旅館中，院長不在，太太見了我們
一身泥水，一副敷衍相，我們立刻就走，氣得七孔生

煙。幸虧一位同鄉在梅山殿，衹好去找。邱紹榮找到了
這個伯母客氣極了，洗腳、吃飯、女人工作一切都完
備，舒暢極了。近下午回到車站接後隊，到半路就遇
到，都回到旅館，七個睡在一房間。

4 月 16 日　日

沅陵的生活真高貴，一切東西都是很貴的。渡河進
城，河水有兩種顏色，清和濁。據說是由兩條江合起來
的，不知那兩條江？沒有去細考。渡河的人真多，碼頭
上濟得什麼似的。走上大街，一一都光在眼帘中，十分
之九是吃食店，百分之九十是外鄉人，街道很狹的，人
口濟得滿滿的，所以物價不得不高起幾倍。

4 月 17 日　月

行旅仍不得來，車子仍沒有機會，在這裡實在不能
生活下去。

4 月 18 日　火

在這裡的日真不得過，連吃也要生問題。

4 月 19 日　水

窮上加急，火上加油，今天早上忽然失掉了毯子。
倘行旅不得來，棉被一條，僅乎此一點家產，到今天還
要失去。我還有何心逗留後方，到前方去痛趕一下，爽
快些。

4月20日　木

　　他們已有機會走了，可惜我的行李還沒有來，真把人亂了沒有辦法。晚上和同鄉渡河看戲，可是小划子的顛波，真把我怕極了。戲快要完了，恐怕渡的人多，沒有完就回。那知走上碼頭，一只船也沒有來，約等了一小時之久，才來了兩條船，可是我們還沒有排到。早好容易又一只船來，她們兩位濟上了，然亦是極危險的，我膽子還小，沒有狠力的趕上，書記官為了我亦不能上去。又等了很久，又來了很小的划子，倒濟上了幾十人。到河心時，船翻過了差四五寸的吃水，把我爪了一把大汗。近岸了，有手電的朋友放射河水，特像水沸一樣的黃泥水，都叫一聲危險。到了每人收費五分，還沒有近碼頭，走了很多的黑泥路才回家。

4月21日　金

　　今天的太陽格外好，氣壓昇的猶高，靠不住的敵機定要光顧。那知在十二時與陸醫官談貴陽沿途情況，正精彩時，過了四、五月的慘音警報聲從電燈廠發出來了，腳底自明白的向山中。比較有次齊的民眾自顧的避著，沒有十分鐘緊急警報又發作了，都避得很安靜。過了半小時後，飛機的怪音不覺得，當頭烈日照得滿身臭汗，大約有一小時之久。理想中今天不得過了，就慢慢的預備回去吧，一步步的幾人踱著回去了。泥地上的粹金由太陽照射後，粹金一絲絲的反照光，發出來真多極了，可惜極小極微的，老百姓沒有辦法收起來。回到大街上已很熱鬧了，可是解除警報還沒有赦了。到旅館

時，各人都解棉衣，實天熱太狠了。換衣剛坐下，窗外渡河的人也開始了。沒有幾分鐘，隆隆的機聲從橫中直駛而來，當時序秩大亂，都逃著各人生命，不顧高低直上山去。可是幾架瘋狂似的敵機已在當頭，西面又有幾架，並試他的把戲，掉下幾團白的不知什麼。看了各人的臉色都變了，當時的我也不知什麼，麻木得什麼似的，頭上幾架仍停在空中不想前進，稍微過去些，我們仍爬向樹下去。因不及蔽避，就停在屋旁的，現在既已有些鬆了，就繼續爬上去，多避些屋子的近處。慚慚過些，特有鎗聲，在這時更增恐荒，不要留下一彈，我們的命就可以完了。天幸在此一剎那的生命判決時，無情機過去了很多路，心微微的放隱，然又恐回頭生命的不保好了。過了十多分鐘，機聲慚廢去了，生命的判決才算生還，心房的亂跳平靜了，臉色恢復常態。回首看到對河房子，列列在目又很稠密的，今天倘有一個或二個炸彈的放下，不知要損失若干。並且連接的都是木板房子，有一、二個的燒彈，恐沅陵城大半要去了的。今天真要叫媽了，大意送命，從今後必待解除後才走。現在沅陵的防空常識真差，並治安當局也不能負責。這樣多的人口，怎麼可以不待解除後路上行人不得行。而今天呢，幸而敵機沒有找準目標，還是不預備此地的襲擊，放生了這許多的流亡生。近二點鐘警報解除，才安隱回家。又拾到一次的生命，以後的沅陵想必不免吧！

4 月 22 日　土

昨天空襲後，今天傳說敵機撒下很多傳單。是汪精

衛的照，並有宋汪條約等事，可想汪真做出這種絕頂聰名的事來了。各奔前程，在現在時最緊張的時候了。她們為了請假，鬧到了今天又去了，不知准否。而我又是這樣的心急，最好第一張就請准。而黃主任在涼水井，有他的章才能呈上，真無法。在極度的無難中，黃主任拯到了，請他蓋章後，不料青天下來一個霹靂，把箱子已帶到辰谿了。把我急了，手足無措，打電報吧怎樣怎樣……想盡千計無計出，並且換了多少的眼淚，沒有辦法，時間是怎樣的忽促，決定過河請假。那知院長是不允許，並謊我黃小姐兩人沒有准到辰谿，後再說。以為是真的，回家後問了她們事確否，那知事實相反，把我急得淚水又要奪出了。為了前程的掙執，一分一秒的細胞沒有安定，是如何主意走與不走，完全在一刻的時間下決定。行旅再回到沅陵多少的麻煩，並且沒有這樣的便利。不走吧，在此地的同事一個不能合，並且沒有這樣的人明料，我的為人又是一個沒有有用的人，終至以後的日子。真難過下，俞想更難受，以後生活不能維持，怎樣對起自己的光陰。不能過下，祇有離院。無上辦法，事實把我留下，仍住在此種死氣陣陣的九五院。

4月23日　日

便利計，院中有便車帶傷兵到辰谿，不得不把我也帶去。在和倆位分別時，一句話也講不出了，只有再見的一句，別話也不能說了。咽喉間發不出音來，默無言地踏上車子。別了倆位，別了光明，再也沒有倆位的來引上光明，無限惆悵。胡想了辰谿，腦袋中輾轉思念

著，已半度發呆了。到辰黻後，仍是心神沒有安定。房子缺少，與一位同鄉濟在一房，實無法。而走不走，還不能定。

4 月 24 日　月

趨奉世界到處都是的，兩位小小少尉就這樣的趨奉。這不是我的小見，不是妒忌。看看太顯著了，並知道些社會是這樣的組織，把它錄下。

4 月 25 日　火

太過不去，吃現成。今天到飯店吃了，現在是不管一切了，再小些店亦走得進去的。一位無錫看護班長找到了一家經濟飯店，三分錢一碗白飯，幾分錢的菜，已一餐吃了很好了。今天又是吃的零星飯了，人們能贊我一聲的老實僕儉，那是流亡在外的單身女子，不得不顧全到自身的生活問題。尤其國難期間，有何用舒服生活。只要身不受寒，衣能蔽體，肚不俟飢，吃能下嚥，生活就算滿足，何必浪費金錢呢？我能多剩一文，國家可以少耗一文，父母少負擔一文。這是我的夙志，不惜你們的一譽，全院能第一。

4 月 26 日　水

我看人已能猜得一二。廿四早上錄下的，今天已能共認他是這種人了。

要看信是無法的，隨了許多人到潭灣二分院拿信，並順便嚐試鄉村風味。結然渡河後，滿目都是鄉村風

味，與故鄉樂園無異，更能多出山的點輟。柑園尤多，
開得滿樹白花，襯在綠叢叢的葉片中，真是綠中生白
點，幽美而雄健，辰谿鄉村的獨一風光。

父母愛子之心切，每封信中附郵票五分，說可恨可
惱的郵務人員，把我父母愛子之念揩油去了。並代設法
種種的幸福和托人照顧，費盡心計，更有前次附院長一
信，今天又附上了，因為可惜父親的面子，仍是沒有
呈。現在的社會是勢力和趨奉時代，用真誠人品才幹是
不講究的。像今天的閱到雜誌中用人的弊病，曾文正公
選拔人才是「能守貞操而沒有官氣的，不講大話耐勞
的」，像如今的社會機關，沒有一個合這條件的。

4月27日　木

今天的覆信：「你的要求我是答應。我要求的什
麼，太滑稽了。可是太冒昧，恐怕一想情願的嗎？」這
幾句話的回答，不知他的以為如何，能覺得否？看下次
的情形如何。

4月28日　金

在四、五月前的同事，為著奔跑前程，單身的越過
匪穴，踏進了幸福的學校湖大。今天特帶著我們遇到
了。當時的喜歡是多麼的快樂，不想在此辰谿仍會故
友，真無上的快樂。談談講講一直跟到湖大，就住在學
裡。將近一年半的學校生活，是沒有嚐試過和見到。今
天的目擊，使我發出如何的惆悵和感覺。

4 月 29 日　土

同事他是用功極了，可是因師範的英文的不重要，而就脫了三年的英文。現在大學科本完全是英文原文，這是他最感困難的是英文，所以他再三叮囑我，要求高深的學問都是用英文的，英文是各種科目的深造文。在中級部時，無論怎樣英文根基必須先打定，求深切學問才不怕。

4 月 30 日　日

敵人的魔手深入了湘西的辰谿。早上吃早飯時沒有煮，已聽到了悲慘的警報聲。街上行人急張起來了，我們幾人的腳步也隨著向河邊走去。警報聲仍不斷的哭出來，上浮橋，人數多的關係木板浸到水，兩個腳不管一切踏進水去。過橋後，緊急警報繼發著，兩腳更緊張的向著河邊找我們隱蔽的。好在有一位浙江傷兵，他很關心的帶到低凹處，便有小船一葉，叫我們就向船裡一個個的穿山似的爬進艙。即著就是軋軋的機聲由遠而近，外面的避難同志在數幾架。幾架直駛而過，心放按下，不料回來了。回來了聲音又近了，連著就是轟轟隆隆的，把我們幾人團在一團，心臟忐忑的亂動。略微遍過些，我把頭一探。不好了，燒夷彈就在近處，濃煙不顧一切的，不顧敵機仍在頭上，極憂的向上直冒出來。可怕的機聲沒有消滅，特然又折回了，轟轟隆隆又是一陣，外面人聲放大了喉嚨講：「不要走！不要走！」當時我們的神經中樞已感麻卑，惟一的希望快些駛過，一種萬惡駭人聽聞的麻醉聲仍不肯走。當時一剎那的估

計，數千里外的避難者，母親所有的一兄一妹，在這一
個分秒下恐怕妹不能見兄面，和父子不能重見，天倫之
樂小了一份，能夠見到親母一面了。從四歲時別離後，
在十八歲相見了，在幾分鐘的腦海中胡思了這些。聲音
遠去了多少路，牠又略過來了，盤旋幾分鐘還是不想
走。生命的判決加上緊張，心臟的慌盪，快要神經中樞
失知覺了。一面燒的煙愈大，劈劈啪啪響個不定。萬惡
的狗盜，他有這樣的忍心，濃煙直冲而上，牠仍瘋狂似
的定在空中，眼望著煙不斷的冲上，牠還不想走。我們
還是的戰掠在一堆上，來去的盤旋凡有五、六次，半小
時的定滯，每人的臉色更是難看了。因為雖在小船中，
而離汽車站很近的，飛機的往來完全在頭上的，終算免
強的離開了。我仍是不安著，怎樣辦的好。向受炸的區
域看去，一層黑的，一層黃的火，從這裡面伸吐出來，
嘶裡嘶裡的燒木聲挾著傾倒聲，烈焰一煊一煊向上冒
去。每人的苦喪著臉，欲苦而苦不出，欲急又不能急，
各人的思想中不知燒到那裡，暫時的寓所遭難否？解除
又沒有，約一小時之光景，赦命聲放出了。就每個人自
各人的安全地爬出來了，自潮水樣的擁向災區探看寓所
遭難否？在我是急著院本部的有否遭受，從二千多路終
日的背負著，才算帶到後方避難，倘有不幸，太對父母
不氣了。在當時心理如熱油燒熱鍋上的螞蟻爬，三腳兩
步的向院本部去。直通道路已燒了通紅，並房子傾倒不
能通行了，祇得繞道而行，在快近了，有幾間折斜在
地。到院本部時已略受輕，可幸沒倒，狠力的把箱子縱
出了，祇有兩人自己抬著。至渡河處，就請本院的船帶

往潭灣。回來睹見災區的可慘狀，真沒想到後方的辰谿來看到這樣的一片焦土。我是不熟悉的，在見到的約近在汽車站一片民房，在今天的估計，炸彈沒有重磅的，約七、八十枚，死傷無辜百姓有四、五百。在我們醫院的傷兵死的亦有，傷的十多位，可憐的負傷同志，幸喜從前方下來到後方，才安心養傷，在今天的後方又犧牲了，這是如何的不幸。無意識的向災區繞著，烈火仍未滅，消防隊已在救火了。正燒一間房子滿屋是火，搶東西的仍在最後的一分中奪回來。再走到餘燼未滅盡的區域，看枯木殘不全的一根兩根的躺著，碎瓦礫厚厚的鋪滿地。在走路的兩邊熱的很，在熱帶的烈日下也沒這樣的熱。勇躍的救護隊員急忙的完成他們的使命，呼號轉輾的受傷者，都要他們的勇敢賜他的幸福。焦土瓦礫一片平坦，那一個撒出的這種悲惡的氣象，這許多的受難者如何來洗雪報仇這海深的血債？終算的我在今天的摩掌中溜出來了。

5月1日　月

被免今天的再有警報，和院本部等全部遷到潭灣，我也向鄉下走了。今天的街上可沒有多少人了，渡河處仍很擁擠的。

5月2日　火

已到了潭灣，沒有房子，那末今天的歸宿在何處呢？幸而傷兵好，代我們看到了三間房子，山後樓上。當時的房主家是不肯答應，後來看了我們是護員，答應了。可是房錢叫我們怎能出得來呢？決定問了副官再說吧。那知副官的回答你們濟濟好了，就那邊地上亦可以。說話出來了，當我等什麼人，土埂地上可以睡的，沒這樣的便。當就講給他聽，已看到幾間房子。不好了，聽了有幾間房子，要緊的做辦公處吧，做公館。後來一看倒還不能做，不管一切把行李搬進再講，又有一椿心事了。這裡荒涼極了，我們兩個女子住在也真怕，想著了書記官他們沒房子，去請他們也到這裡來吧。去請了他們就得一兩便，就來了。

5月3日　水

房子已算住安定了，一天到晚的忙著做衣。外科室程序都沒有，我不願這樣的工作，又是鬧了一塌糊塗。

5月4日　木

我不願在無紀律的、無秩序的機關下工作，今天很不願去工作，吃過飯才願工作。那知自稱心的醫官們很

早就把幾個輕傷換了，存下的重傷給我們護士換。可是
他們說是五、六個重傷，那知五、六十個輕傷也不止，
我是不管他嗎的。因為他們的沒通知明天預早工作，今
天的傷兵特晚，所以回去後，敷料我是不管了。不情願
這樣的無紀律，更有太太們又不能作事，真是吃飯九五
醫院。

5月5日　金

　　他既能規定時間，我就按時到達。可是稱心醫官
還在睡夢中，可想他們的稱心比不是國難時還要自由
隨便。

　　下午晚上五時起，省桃女中慰勞本院負傷同志，開
始遊藝大會。當時行禮如儀開始演劇，枱設他們本校大
操場，學生童軍站岡招待。枱中設榮譽席，左邊來賓
席，右邊本校席。枱上佈置設備完美，真是有一派學校
氣像，有秩序有條理有健美，並有憲兵同志同時維持秩
序。當時有校長有鄉長等獻詞，都是激昂康的慶祝負傷
同志的早愈榮譽傷。開始第一劇的女性的吶喊，當時的
表情，真難為女同學們一片的誠心來慰勞負傷同志。那
知天有不測風雲，特然一陣烏黑的浮雲把大地籠罩了，
什麼都是漆黑了，風也刮得如何的大，把一搬熱心慰勞
的女同學們只得暫定了。我們的腳步隨著黑雲加緊的逃
回家，沒到半路大風刮得煙塵，眼睛張不起來，不顧高
低，雨即著撒下，並雨點不算小，打了一身的水。一口
氣的跳進屋子，滿身都是濕淋淋的，繼著風雨雷電大發
作為。

5月6日　土

　　今天的天又開晴了，省桃女中的熱心仍貼佈告開演。大家都希望早到，下午可以觀賞她們的熱誠。時間已到了五時，大家絡續的進場。今天隨即開始表演的，他們的選劇完全是愛國份子和倒亂份子都有神閉的，表情活的痛快殺漢奸，設計殺鬼子等，還有舞蹈等，採取很有價值的。這次不但神精的慰勞，並有物質慰勞。雖是每人一包的糖，這很足以表示女同學們的誠意，和愛護負傷同志。

5月7日　日

　　在當天搬進這屋子時，因為兩人怕的顧慮，就請書記官的同來住，亦是可憐他們的今晚無歸宿處。那知不幸事在今天發生了，這一間屋子的門根本一處都不能拿下的，竟有一種自私自利的自由主張的拿去架床了。當然問他們直轄長官如何處置，別人沒有發氣，他倒就如狠似虎的發起脾氣了。當時書記官只作啞吧，不發一言在旁的。紅綠面的張維成，要求你時他很客氣並抬舉，像現根本沒有他發言的可能，他就說外科室有你們的房子去找，那裡是書記室的。難道後者遂先客？豈有此理，明明白白的是我們先找到的。他有能力說出你們有何能力去能找到房子：「傷兵代你們找房子，是你的丈夫嗎？」這種話是發出於准尉司書，無知卑鄙的人。發生的當時有代理院長，書記官都沒有上去解難，完全壓迫我們一個單身的女性。在書記官的答應招呼中把門隨即送上，當時把我氣昏了。回家信口而書此一片流亡單

身女子被壓迫下的吼聲：

　　自醫院移置辰谿，倭寇狂炸城心，本院不得安
置，即撤潭灣。院長副官同時下鄉，潭灣民房稀
少，院長副無能找尋房子，即令自動散居。吾皆
女子，有何能去自找房子呢？今時歸宿屬何處？
轉輾憂鬱，在無意中來了兩位負傷同志，他們是
從前在黃沙坪第二房室的，有幾月來的治療。他
們富於激感心，就告訴我後山有幾間房子，是剛
搬清的。因為怕出房金，就大膽冒昧的請求副官
今晚歸宿問題。他因為我們是小兵，說了幾句無
則任、無關心的話。就告訴他已有幾間房子，我
們可以去住嗎？當時終算答了我們。已有安定的
房子暫蔽，我們倆無歸宿的流亡者，可是又有一
層的恐怖濛上了。這三間房多麼的荒野，倆無能
女子怎能安睡得去？聽說書記也沒有房子，果然
達到了目的，想盡了安全辦法。當時的顧慮引起
日後這樣大的風波，使我們流浪者得了無比的教
訓。因為人數多的關係，有床舒服是不允許了，
三間中都睡了滿滿的地鋪，國難時機沒有所謂講
究幸福的床鋪了。可是在沒有認清國家的關鍵，
一味的自利自私的妄想，靠著一個所謂准尉官
味，不顧公德的架起官架，把三間房子中所有門
都是想連的關係的，沿梯門自舒適搭起那尋求美
觀的床來了，每人的什物就此無保障。住了幾
天，那裡又找到了一間必定舒服，可發他自私的
慾望。那知美中不足也是沒有床的，於是他就喪

心病狂的，不思慮一切，無腦汁地把重要的門奪
去了。這是應當向書記官商量要求還來，可是那
位稱名官的不得自主地發起狠來：「我否要這門
不罷！」同時旁邊有一位紅綠面的張維成：「你
們外科室有你們的房子，那裡是書記室的。」
那倒奇怪事了，房子確是你們書記室的，那末我
們微小的能力才為我們找到了你們來住了。還說
此種話，並且全中國的同胞，那一位不是在苦海
中在奮鬥中奪取我們民族解放的。自衛抗戰須得
牽手相連的，站在一條陣線上，不分你我、不分
彼此，為何在一個小機關團體中分出組別來呢？
這位九五中所謂官的接著說了「傷兵是你們的丈
夫，要代你們找房子」。在於中華民族的兒女當
互相幫助，負傷同志最富於義。傷它這種九五堂
堂的一位學識廣博的司書，不得說卑鄙無恥的，
悔辱流浪者。這次是為全室同志們求便利求緊
順，並且宣佈它的知識者能說出「傷兵是你們的
丈夫」汙辱流亡者。雖流亡於大中華民族的國土
上，得院長鴻恩，賜得棲身，亦是我伸出救亡亡
工作的插足處，為國家服務而幹的。今天受一位
堂堂皇皇稱名的司書昏言惡噴，我任何苦能受，
惟名譽的堅固不得那一個在大眾前無故毀謗。請
能代流浪者解除我們女子的困難，剖白一切。我
今天的任負是來打破一位豪官倚勢稱雄的，使了
一般同事不敢■勸，以致更成了野馬無疆，更無
法紀撲滅他的野心。求我們醫院協力同心，團結

一致辦事。這位是九十五中標準准尉官，大家已
很早認清它的人格，藍仲書。

5月8日　月

把我的氣悶睡了一天。書記的狐狸疤到晚仍沒有拿
來，我們已很早察清他的為人從未有公正過。為了發出
我最後的吼聲，決定明天呈假條，用我最微的能力去戰
鬥。並且向黃主任的商量中，他們兩位同學同事的主任
王是很妒忌黃的。恐怕為了他倆主任的意見，明天的我
一定去受倒梅的。

5月9日　火

在我寫請假條的內容是極其的不客氣，必定受他們
的不好過。果然剛呈上代理院長處，他祗有一句代調查
後再說。他也不問你原告有何口詞並沒有，這是明白的
欺騙我。即著書記官來，這是我更可以發言了，有許
多重言加上，到後來老差成火了。不然我是不怎樣的急
促，因為講話太偏一邊，並包蔽了那邊。官級方面把我
們壓迫得不應當去講話的，我是存心生氣的，一定要迫
了他有一個決斷的辦法。那知他非但沒有辦法，並且對
我亦發起不好看和不客氣的言語出來：「你要走，自動
的走就是了。」試問這種語是否代理院長講出來的，他
是否是排解分爭的，是否是代理院一切事務的，而今天
說出沒有能力的話，一味保護好了官佐級。到下午又去
問了此事是否已調查明白了，應當有決斷出來了，准假
的或相當的辦法。那知他們有的是勢力範圍，回答你的

一笑而已，仍做他們的玩耍去了。當時書記官也在，用
我最狠的言語痴笑他們一翻，幾副殘缺不全的怪臉，今
天更能看透你們了。在從前好像很看重你王主任的，到
現在做到了代理院長，有其名而不從其實的。此種微小
紛爭就給勢力階級所感動，就置之不理涉了，紙老虎今
天都破了。

5 月 10 日　水

當了代理院長沒有決斷，不答應批准長假。我更無
精神去工作了，尤其幾副坑葬臉不願看見。今天的飯也
是請馮帶回來吃的。

5 月 11 日　木

生活是這樣的平淡，今天仍不願進院。特然張班屈
駕敝舍，這是我很不過意他的。在談話中，恐怕沒有
三四天，他也要脫離醫院了。聽說李班長續昌已到沅陵
了，這個不幸我們的消悉傳來，是多增我們的惆悵。在
許多老同志和能做事的，現在都要分離了，這醫院更不
能站足了。

5 月 12 日　金

今天下午的警報實太紊亂了。尤其是五天一次的潭
灣集場，人數必然的多。街上是打著亂鑼，吵雜的人聲
往後山亂奔。這是無防空常識的鄉村，不能鎮靜的疏
散。可憐他們的知識太淺了，倘有敵機光顧，不是給它
更明白的目標。

5月13日　土

　　敵人是這樣的瘋狂。已到晚上的八時許吧，遠遠的
警報聲嗚嗚的送來，街上打著急促的鑼，憲兵同志叫：
「熄燈！」我們就到屋外暫避，有了一時多，回去睡
了，沒有多時就送來的解除警報。今天的蚤實太多了，
約有數小時的經過，身上的塊實咬了太多，不能安睡。
在下半晚吧，下面憲兵同志又在叫警報了。啊天！半晚
還沒入睡，蚤的作戰也太利害了。又是二次警報的發作
了，不管他媽的睡了再講，可是那裡能安睡得去，輾轉
數雞啼。嗚嗚的解除警報又放了，已能安心的睡了，可
是雞已報曉，蚤仍是不放鬆，實太疲倦了，不顧一切的
睡到日上三竿。

5月14日　日

　　意見是這樣的，復雜勢力是這樣的更發展，真是把
我們直迫到死路還不止。因打飯的妒嫉，代理院長赫
然的下令一律不能打飯，祗能向那邊去吃。事情實太
怪，他們太不能安心我們了，實在要我們快讓那些小
人得意。

5月15日　月

　　他們是欺外科室。上午吃飯，發現旁的地方打飯，
所以錢軍需起來打不平。那知打了半天，代理院長不出
來發一言，直到傷兵都鬧起來才出來說一聲，隨著仍回
進去。張班長要團結外科室幾位，成績不差。可是院長
和太太的吵架在辰谿城，已三、四天稱生病不下鄉，所

以今天不能如願。待院長回灣時，我們就要發出最後的
吼聲，發出外科室的能力。

5 月 16 日　火

院長已來，車子又不確定，真是進退兩難。

5 月 17 日　水

母親、母親！在我旁邊的慈祥呼聲已有十四年的。
今天吧，馮睡我旁邊，特然發出我母親十四年前的呼我
聲，今天又聞到，使我的心比利刃萬箭刺進還要酸痛。
母親、母親！何日再聞你偉大慈祥的呼喚聲！

5 月 18 日　木

希望依賴今天已能明透，下次必須自求自、自靠自
的誠言。

5 月 19 日　金

張班長愈贊成我女中最能負職，外科室中工作最有
力。謝謝誠意，倘再這樣的吹下去，可把我當不起了。

5 月 20 日　土

負傷同志的天性是義俠的，性是直憨的。像最近在
我們底下的三、四位負傷同志，與我們實在太熟狠了，
每次煮的吃的，總是要叫我們的。

5月21日　日

最近的張班長為著私慾不得伸，想官官不得，一切不順利，所以一變而被我所猜到的精神病，講語格外多神經，大變態。

5月22日　月

今天由一位憲兵同鄉同往鄉野尋取枇杷。同行有四、五個，把兩株滿滿黃陣陣的一球球的枇杷，把我們幾位的貪嘴都裝了飽飽的，吃晚飯一個不想了。一種甜味把喉頭不斷的往下送，吃到酸的眼睛忙不了的擠攏，牙齒不敢合攏，真是甜酸合味，亦是流亡生活中的甜酸味。順便向潭灣聞名的仙人洞觀賞，風景確是幽雅的。進洞時一陣涼氣迫上，真涼快極了。入洞脫不了的菩薩，陰涼淒淒，水聲滴滴，像冰庫是差不多。裡面地上濕得異常，上下四週是石壁，叫一聲發出加倍的廣音，卻別有風光。可是天然而無人工的修設，實一憾事。滴下泉水喝很甜的，清靜世界顯現的完全是純厚僕實的姿態。不思反家，為冷氣太狠，只得捨此而回。剛上地岸見到太陽，真像蒸籠一樣的薰人，走了幾步路，氣喘得回不過來。

5月23日　火

常常希望德舅來信，今天總算收到了，可是還要叫我緩幾天再去。以我想緩下去亦是要走的，還不如有伴就早些走吧。他講校中最近生活是很散漫的，固然能夠自己把握著現實的人是沒有關係，恐怕有些得過且過

苟安心理的同學就要吃大虧。就是我們一天到晚能做些
什麼，不是吃冤枉嗎？進去吃過了一餐，回來就是睡中
瞇。我知道這樣下去一定要陶汰退化，身體愈不如前
了。這些青年多麼的危險，把握現實奪取將來。

5 月 24 日　水

現在的人世真沒有測定。像這底下的傷兵，我們不
管，恐怕他們有何蠻動。又聽了說有一個是不是傷兵而
混在我們院中，這倒要防備的。

5 月 25 日　木

理不清的的人世常情，各人有各人的困難，人與人
間的感痛。像這位混傷兵，他自己也承認，可是自己的
面子他也要顧及，所以有今天的談話。

5 月 26 日　金

希望今天達到了，床鋪也淨了回來。連得三信，儲
英更是密密長長的六張信箋，真把我感激投地。表姊也
來了一封安慰信，她真親熱極了。今天真把我快樂得什
麼似的。

5 月 27 日　土

院長今天准下假了，這是院中快要分別了，亦是我
的痛快。

傷愈今天編隊，四週街上都放了步哨。一次次的爆
竹，零星的鎗聲，真怪熱鬧的。可是一派淒涼的逃跑仍

存在每個傷愈的同志心中，所以必得憲兵同志的出來維持逃跑之責。

5月28日　日

院長這種樣子實太氣人了，一月中的幾天還不能准到卅號的，聽了講祇在准二十六號的，這是太欺人了。

5月29日　月

准假不發錢，二十六號准假到今天還沒有錢，還要我們自己拿錢吃。

5月30日　火

事已至此，只得也與他們不客氣了，總算今天才算給我們。現在的藥局裡真沒有辦法，我們去要一點藥品，祇有給你一點點。

5月31日　水

今人的無情口食，確不免的。可是有事實付上是可以防備的，暗箭不易防。他存著從前之毒，今天向憲兵隊去耀武揚威的講我們倆人如何如何。我想無故笑人、無風起波，自己一定先人格掃地，他沒有辦法得勝，就用這種毒辣手段。我是無關係的，就馮一定有苦受他們的毒。

6月1日　木

預定計是今天動身,那知幾方面的阻止,就停下了。吃飯向保管室。

6月2日　金

今天又是下雨了,謝家又是不定主意,而自己個人單身不敢走。唉,入學之學比蜀道還難嗎?一切一切都得自身爭執著,沒有代出主意,車輛又必待親身去。回憶在家時,那有這種出門的難。

6月3日　土

在主意精神不定中,向看護長家裡去玩。那知不意中把一支幾十元難買到的怕克鋼筆,是吳管理主任的,被我亂壞了。當時真急得手足無措,祗斥自己為何這樣的不小心,把人家心愛之物損壞了。如何答覆呢?心上是如何的難受。回到家中,就有邀請彌月酒,我們就不客氣的去了。在街上吃些冷菱子、熱酒湯,走到就吃。盛酒回家吃冷茶,晚上吃熱粥。天曉得,到將睡時,特然右下角肚痛了。沒半小時愈利害了,真的是盲腸炎症象嗎?幾位同室同事一個不放在心上,也不代設法。沒辦法,只有哭怨我到此受這種無故的苦楚。倘我自身沒病,人家有這種特然重病,當然盡能設法,他們祗睡他們的甜夢。約又半小時益發厲害,只有開口叫聲,請馮去找主任燒了一點開水。王主任真好,從睡夢中真的來了,問明後疹明,就先注射一針皮下的。他講有盲腸炎的可疑,可是現沒有辦法,挨到明天再看吧,仍是刀刺

一樣的痛。王主任走後，突發頭痛病了，真的病了，覺
得身上發熱了。肚仍是痛不定，在床上打滾，覺得胃
裡也不好過，要吐了，居然吐把晚吃的粥完全還出來
了。一直的鬧倒雞鳴第三次，漸漸減輕了，也糊塗的
睡著了。

6月4日　日

　　沒有一小時又醒了，肚子更輕了，不大怎樣，唯頭
痛仍是不停。他們拿我看昨晚打針的空瓶，上面是硫酸
阿托品。熱度仍未退，真的病了，睡倒病床。東西不想
下嚥後，張憲兵買來二十多個粑子，我吃了三個半。
那知沒有半小時，肚子又痛了，才知並不是盲腸炎，而
是腸胃病痛起來了。他們也不想什麼給我吃後，我又想
哭了。馮又去燒些開水，吃三片蘇打，痛又止了。自怨
為何受此種痛苦，倘早走了沒有這種苦受。那知他們都
是自掃門前雪，不代設法的苦。睡了一天。

6月5日　月

　　今天睡不來了，要起來走走。可是東西仍沒有吃，
吃是想的，而肚子不能接受，只得由他餓吧。

6月6日　火

　　造謠，那一位這樣的去幹喪心病狂的事，去向底下
的傷造謠，叫我身上有幾百元錢，用手段到他手，真滑
天下之大稽，又冤枉而可憐。冤枉我根本沒有此事，而
我身上實無錢，代我宣佈了這樣多的數目，可憐它們痴

心思想痴念。無怨無仇，為何用此種毒辣手段，未免太妄想了吧？只恨我太膽大，真有這種膽量在外過此種單身的流亡生活，不怕受人之惑。恐怕是我自守堅決，無論何物都打不進我此層堅強的鐵心吧。自惕自勵，鞭策自強，立身處世良方。

6 月 7 日　水

命運或許人造成。像昨天到燈廠，由憲兵同志轉輾介紹認識了，答應代買票，並有船運材料到晃縣乘坐便船機會。因單獨不方便，就代買票。又得一個再好的消悉，聽到張憲兵又調到辰谿城車站或碼頭勤務，不開別處去。他由班長幾次的勸導，才答應了暫時不走。這不是我無上的幸運嗎？車子更不生問題了，這亦是同鄉好，倘沒有乘車，幾月等下去也不定的。

6 月 8 日　木

鬧不清的人情，理不明的人言可畏。最近自己檢討自身行動，的確是它們言談的資料，這是不能阻止的。在我做個閒人，亦是能談閒語的，自己已能明瞭不免他們的空話。我為著這次的行程，最不易的買票掛號已到二千多，靠我自己去懇求車站。無論何人都擔心買不到票，因這難事就乘機利用同鄉憲兵以代設法，居然有用。一部人講怎麼杜和憲兵有這樣的熟悉？可是有同鄉一層，他能義氣代我們解難，不是便宜得的好機會嗎？院中已講了很熱鬧，聽我談話與這些人談和憲兵很接近，這些完全承認的。你一方面講就得了，用我自守潔

譽，總有水落石出的一天。能最後可以公認，的確有始
終的堅決意志。應付環境自身不受損失，才能報答父母
深恩。

6月9日　金

　　昨天晚上真是為醋海倒波底下。傷兵想空心思得不
到馮，它們用大包圍計策搧動前面傷兵，叫罵似的講無
故的語。今天不對了，連醫院中幾位腦汁簡單神經過敏
的喜歡幹閒的對頭醫官張，就烘動院中幾位當局者講我
如何等，並有悔辱人格的廢話。快些走吧！今天得悉可
以乘車了，已決定明天一早就走。在最末幾天，已是結
果我九五生活，可是不幸生此無故風波，無故的無形中
把我名譽糊塗的過去。這幾天的氣實太過不得了，每天
每餐過後就是胃痛，心上實太難過了，亦是第一次得到
這種無為的糊言。的確張憲兵亦氣了吐一口血，這亦無
怨他不氣，任何都是一樣的，自己立正潔心堅持，還有
空語廢言，怎不令人氣得發昏。

6月10日　土

　　早上五時，由潭灣出發，達辰谿城乘車。事情是每
意的生波，空氣隨緊張。早上五時左右，由張憲兵來叫
後，即著動身。當向楊班長告辭，他也跟著同來。一行
五人，馮亦誠意的送行，談談說說冲破一路寂寞。將
近電燈廠時，後面很急促的叫著張憲兵，他就回去，我
們三人站在電燈廠門口守著。不一刻，嚓嚓的皮鞋聲溜
過，原來他們的排長叫的，我們極緊張的跟去渡河了，

無聲悉的進城了登岸。排長極利害的要張憲兵把身上的
背包打開一看，原來無他皮鞋和大衣。一同到團部，我
們的心上已忐忑不停，因不知何事，是禍是福。我們徑
向車站去等了一回，張憲兵來了。邊笑邊氣的就第一句
是「好一位排長的手段真好，以為我要開小差，所以他
就隨著來的，根本沒有什麼事」。停一刻就有三車，一
兩車很費力的擠上了，三輛僅有一個空位。走了、走
了！離開九五，離開潭灣、辰谿，離開一切同伴、同
志。再見、再見！九五院各同志的後會有期。車子無同
情心的不讓我多留一刻，把我風馳電測的帶到芷江晃
縣。下車時老天已下著雨，我一個人下車並不怕，很大
膽的叫了一個伕子把行旅擔出去。就有憲兵的問了幾
句，放我過去了。先向九三去，極容易的找著劉小姐住
下，擠著老同事，請老同事代雇滑干，休息下了。

6 月 11 日　日

我要昏車的，沒有找到滑干，就是整天的休息。

6 月 12 日　月

疲乏恢復了，出去走走。一看湘西的縣城比較過去
真是煥然嶄新，完全是高樓，裝修新穎。三、二層的板
皮樓子，以吃食和旅館為多數。生活是一天兩碗麵。

6 月 13 日　火

干滑雇到了，定要五元錢，我就答應了。有了行李
又不肯抬了，真氣壞人，把我們出門人倒台。答應了另

外再貼他們，就慢慢的抬走。一天走不及，就在離三十
里的鎮上住下。老板家極和氣，一角五分的一宿一餐。
到晚上來了兩個什麼區公所的叫掛號，掛號完後還要掛
號費，可把我氣極了。出門這久碰到這裡還要調查費，
他們佔錢的好辦法。一路來是沒有開水，吃的完全是
冷水，煮了很好的菜或飯，也放些冷水吃，或許他們
的習慣。

6月14日　水

　　真的能到銅仁了。今天是三十里，有十多里是爬坡
的，真是山國銅仁。千山萬山，一層的叢山。在中午
時，到河邊渡河時，看見自長沙和哥哥認識的蕭，居然
在今天見到，真理想不到的。進城時，有守城的要打開
箱子看，我就給他看，見到醫院的信封就說好了、好
了。一直抬到師範部的女生宿舍，第一個就看到玉姨，
真快活極了，我也可完全的放心。聽她們許多女同學的
開玩笑，真滑稽極了，尤其切切私語的。德舅事她們男
女同學都知道的，所以談著笑語。停一回就看到德舅，
男生又在講什麼笑語了。他比從前高多了，仍是這樣
的仁厚。今天總算得到了一半的學校生活，安住在師
範部。

6月15日　木

　　的確學校生活最安心，能夠有紀律在。僅二年來的
希望再過學校生活，今天可以開始了。這裡的管理真要
不得，完全是蠻理的。

6 月 16 日　金

又在過糊塗不清的日子了，整天無事作的確難過。下午來了一封信，內容有些要不得。看動靜有何廢事，不理到就得了。連續的寫了幾封，真討壓，倘上課後那有這樣的空閒。

6 月 17 日　土

萬事都由和氣與交際為先。像這裡一位管理員，不要講這些，連哄小孩的手段完全沒有。所以上不愛護部下，部下即小孩氣出來，無法阻止的，甚至發生不遵敬的孩子言語。尤其現在的一般小孩都是痛苦的無處發氣，就我到這位不能判事的好說話先生。

6 月 18 日　日

流亡、流亡！把我相差兩年的學級存留下了，從前低我的，現在反高了。真把我沒有辦法，深想此點實為悲嘆，不知在此兩年中作何對付的。

6 月 19 日　月

多雨的銅仁，的確是如此。今天剛預去登記，那知去了兩次。今天預算的第三次已不能實踐了，老天特然又下著雨，這是多使人掃興。

6 月 20 日　火

希望的初步已能達到，可是中三不能插，又是絕大的失望。倘真的不能，那怎末辦呢？走上街已完全是過

端午的佳節氣像，可憐我們一群流浪兒有家不得歸，在此乾過節，這是無限的惆悵。

6月21日　水

流浪兒的端午節確是平淡的。總算校中還好，早上多加一個的蛋。他們同學是每人兩粽一個飽子。玉姨母待我太好了，那自己吃的分子留給我了，真無限的感激。中飯晚飯都加了幾個暈菜，可是回憶去年的端午，雖也是平淡的難民生活過端午，然像一家仍聚在一起過，端午已是快樂的。又是母親的一樣樣留給我嚐試，怎得忘懷。

6月22日　木

端午、端午已平水似的過去，一年一季一節在流浪，暗淡的平靜溜著而去，不使流浪者的多留著觸景生情的痛苦季節已去了，已不得回了。祗有祝著我們一群流浪兒們打回老家去興賞，明年的端午歡聚在一堂，天倫慶祝和興賞。

6月23日　金

希望和目標完全在銅仁和以後的出身，可是校中的先生都不熟悉的，請托人家靠不除的多。所以初三就不能插的，怎麼辦呢？真的無法，再向四川去渡流浪的生涯，完全為環境迫我如此。

6 月 24 日　土

　　總是我的運幸如此希望。受流亡磨折，受單身威迫，目的完全在讀書路，並早結束初中階段。由時間和環境已延誤了二年，以例可以上高二級，當然急死人了。可是玉姨她盡能代設法，到最不可能時帶在一起往重慶走，再度過幾月的流浪生活。因元秋明早動身，德舅舅今天才算來了，對於他們事談得極急促，我也無從開言處。一回兒就開飯而走了。

6 月 25 日　日

　　極早送元秋行程。此地伕子真嘔氣，這樣就挑不起，那樣要繩子，做了挑伕連繩子什麼都沒有，結果足有一小時多才能開步。上了路，問他們已拿到多少錢，還少多少，有兩個講有我們隊長的。可想中國的政治組織已能達到一般勞動者的心坎中，他們已有組織，已用隊長，代表可以意見統一。回來坐划子過渡，今天又把我赫壞了，划船的與有精神病的差不多，想著就用了極大的氣力，使船顛波到不就樣子。我真怕，可是我能夠游泳後當然不怕這些了，可是還不能。以後有機會非學會不成。

6 月 26 日　月

　　在無法中已得一線可能的希望。由玉姨的設法向封先生商量下，得到可能的口氣，然而能請求到甲種免費那末就更好了。可是看透此校組織還不健全，既對於流浪兒而設，應當各事最下一個齊備，在對於學生病體的

就不甚周到。或擔負此責的人才少嗎？在此季節中，實
病人是多的，他們就要顧不及了。

6月27日　火

天下無難事，這怕老面皮。明白是我出錢過的，那
知有幾位同學不問三七二十一把你先吃完飯後，不說一
聲就完了。

6月28日　水

半月將近，包飯錢又要付了。可是還有一天期滿，
所以必得暫緩一天。

6月29日　木

上午剛付錢，在中午時幾位同學想出了他們本桌上
已走了幾位，可以到他們桌去，也不必包。然而我實覺
太難為情，當然有便宜暫擦油。終止沒幾天就是貴中學
生，所以下月不包，每天向貴校中去吃。

6月30日　金

今天去吃飯了，可是總覺得不好意思，並且他們要
排隊什麼，而我也就隔雜在中。每天仍是昏沈不清，聽
說要考的，像我已荒了二年來，怎能應付，真有點怕。

7月1日　土

今天是公民節，銅仁縣政府舉行儀式。校中在升旗時也舉行紀念會，並呼口號等，並有校中一位先生同日行結婚禮。玉姨從校中帶來一封張伯賢的信，字句真幼稚，完全沒有初中學生的程度。想想去矯正，可是有些不值得，更不甚雅感。

7月2日　日

今天太冒失了，不知怎樣一來把我自己承認的一個寶貝花碗無意中犧牲了。真如拋棄了一件真寶貝樣的，刻刻不安。掛念著如何恢復呢？祇有日後自慎，才對寶貝碗過得去。今天簽琇云同學紀念冊，今錄下：

相見時一位剛毅的新青年，

熟識後一位巾幗有力戰士

趕快繼續你的女中之傑、天賦精神、為民族為婦女，把握著神聖抗戰的使命

攫奪生存和解放，爭出熱茶的火坑

7月3日　月

在每次談到往事，實是甜酸並至。像二位黃的真誠和摯意，用坦白的態度，每次檢討我的缺點，已能一次次的領悟。像現在已實踐了第一的待人是必用虛心和識趣，這是的確的事。祇看這裡一位自身犯了怪癖之病源，不能接受同學們的優勸，所以現在病深固堅、無藥醫治、無可挽回，自身仍不覺本性，所為縱自個性，自私更狂，所以各同學間已不能和洽了。因此互相間個

性檢討是最重要的，並且自己必得誠懇的接受和竭力
改過。

7月4日　火

實在太野心了，急乎收放心。記得在小學時是有級
任導師，第一句是就這一句。可是現在沒有這位級導師
在旁督促，只有自勉。追憶日前訓言才是像繼學的景，
否則不能談及。

7月5日　水

今天得謝看長來信，提及二位黃，他們已到南充，
真好幸運。落後者仍是糊糊塗塗的打中睡，真是沒有辦
法。氣候又適到最熱時，只有睡才好，不然是頭昏腦
漲，一些也看不下書。

7月6日　木

天氣真熱，白晝大睡一天。晚上才是我們的時候，
我們溫課的時間。

7月7日　金

七七二週抗戰紀念日，可是抗戰、抗戰！敵雖深入
我國內境，在他們占優勢的軍械已失效用。我國雖未得
全面反攻的時機，而敵寇已到不能忍受之地步。在計算
去年的二七，記得是母親和哥哥正回鄉的一天，也是
我第一次脫離家庭，留落在幾千里外。母親臨行時對我
一句句的囑咐，我怎能忘懷，並且囑咐因如何生活，一

種留戀不捨的景象，欲淚而吊不出。所以回到醫院，不管這車子是否，就隨著車子的開動過去，眼淚情不自禁的流出了。這天七七的血日正象徵著我開始脫離家庭，開始社會的鬥爭，恐怕亦必得抗戰決心，最後的必勝在我。從七七起常常如此繼續精神，到今雖已一週年的隻身奮鬥，在一波一折流浪、流浪、流浪於天涯，甜苦教訓可以說是不少了。並且立身的切身訓導也得不少，雖不能一時記起，每次的感覺就能回憶起來。我應當也像抗戰一樣，前仆後繼的精神奮鬥學業。

7月8日　土

聽同學們講，貴中學生成績真優劣不齊到極的，並且是死讀書，不知我進去了如何？

7月9日　日

昨晚的夢，氣的氣到極點。這是給我的教訓，就可以說發洩的時候發洩，能夠用言語去感化他人，而且絕對堅拒在於這些事，應當步步留心著意。尤其我輩，這是到處的危井險坑，用觀察疑惑的思想先發覺它，加以防備它。以前的經驗和昨晚的夢況提醒了我從後出的危機真多，並且到處是布滿我們的黑暗，的確居心不良。用今天的回憶、從前的得到經驗作我的光，去照明黑暗。

7月10日　月

在正大光明中無論任事做去，終是不怕的，最怕虛

心擔計，一舉一動必得顯影。明明信中說了多少的空造言，所以有些不敢附了，可是旁邊人的亂促著，不得已附下。碰到我就是一位檢查員，一展開來正是說的廢話，他們幾人氣得什麼似的。然而像我從前的遭遇他們不知，還要氣得怎樣。吃中飯時真難為情，李先生的監視下，把我難為情極了，尤其吃完了又是一人回去。

7月11日　火

在於旁人的鼓勵，終是能考到。第一在於許多的先生中可以得到深刻的印象，尤其入學考試更能深切。可是事實太不能允許我了，兩年來的蔬忽已不及收拾，已無成竹，再溫習可憐已完全忘了，沒有了。承他們這次的鼓勵，可惜不能成事實。

7月12日　水

我的猜度心很重的，得素心一句話就猜他，他又附和那方面，而且把我們倆人常在一處的一切恐怕更加油的添出，以後來後必定是這樣的一套。當然在通信的動機是兩方面的，一方面是不要被人家批評，一聲有事有人，無事無人，忘恩負義，暫時的落一人情就通了幾封信。另一方面為著你自己要來校，無人代設法購票，可以使你極順利的能夠購到票。那知現在院中又在鬧什麼鬼事，來後必定問一水落石出才心願。老實說，倘使下次那邊再有信來，絕不會覆了。

7 月 13 日　木

在以前渡過的生活波折的，沒有什麼時候是安定的，並且一次次的以外打擊，恐怕比事實還要多些吧。在一年的傷兵醫院生活，回憶起來真要痛哭流涕，紅面、綠面、山東把戲，那一樣不全。一年來的經驗，一年來感觸到人情間的煩叢，社會給我的痛苦，必得用我幼小的能力，去以卵擊石的硬捱環境，造成不得不用我每一點一滴的細胞去掙扎著。尤其在單身的女子在外，無家庭在一處，那末意更要多些，自己願受的吧。父母的回鄉而不從，現在就有許多冤言，未免太自稱吧。動機是有的，可是不太實在吧。為了求學才留落後方的，當此國難重重時，怎麼還談的上自身的學業嗎？然而不對，學業固然要的，倘使已達到學業途上，你能刻苦用功否？

7 月 14 日　金

過去的得到待人朋友用惋轉的言語，每時每刻用一部份的腦筋待人。因為處今之世，否用複雜的心神不可。我自己覺到近來的性情仍是憨直的，不能和惋，已能覺到，必得徹底痛改。

7 月 15 日　土

天性既已如此，可是自己已能檢點到，那末改過的功必定大些。所以處世下積極態度更要和惋溫陣的待人，這是給我們的經驗，給我們的教訓。

7月16日　日

推測心太重吧，然而亦要相信一點的。是我不好，既然自己不吃它，在他人是要的、喜歡的，為何阻止不買呢？所以要不滿意我的言語，很面色不好看的去拿錢。因為我們的已檢了很多，拿來的錢已是限制的，就被我說了一聲極不客氣的，而且很老的言語說出。的確這句語是不興的：「我知道你一定祇拿三分」，所以就默不發一言。是的這次又說差，實為大家熟悉後，不避什麼客套，不用心的發言了。這是我的壞皮氣，這是以後的吃虧。後來在吃了半分時有事去，將完了回來看了一看，沒有了。回身便走，不吃了，這是藉口的。所以最近中又不能自制和代人設想顧全，最近的大缺點。

7月17日　月

吃中飯時，將回宿舍，德舅又叫我了。知道又是信，可是真預料不到父親的來信。我極急促的拆開，他們才知道的我快走，還未乘到車，可是已寄到此地來了。並告訴我匯款辦法，並且還寄來一元錢郵票，可惜又沒有收到，不知向那裡寄的，還不知仍寄向醫院去的。他們的太憂我，反而把錢一次次的損失掉。

7月18日　火

吃中飯了，剛走到天井中，有人在叫我醫院時的稱呼。我莫名其妙，那來的這種呼聲，而且很熟悉的吧。抬頭略過去，那知就是素心在叫。怎樣來的，昨天也下雨，今天也下雨，並且今天極早就到了，怎樣不叫我，

擬惑不明呢。我那時如何的興奮和麻木，並且心房也隨
著亂跳，為情感所使吧。吃飯也沒有貫注的精神，心神
仍不定著。很快的把兩碗飯灌下了，就帶了去找他們同
鄉，一同談談院中情形，真是不堪收拾。常常發生野蠻
舉動，甚至打架等事發生，真是幼稚得可笑，終至有大
部份的無知識者混在中，當然有相當的不妥當。

7 月 19 日　水

素心帶來了家裡一信，裡面還有妹妹的一信，真把
我歡喜極。這樣的小孩亦能寫出很有趣的文字，並且要
我回家。唉！可愛、天真、摯誠的妹，你能體念到你姊
姊的在外沒有好處，回來吧！這是的確的語。可是為了
你姊姊以後自身的立業和求我夙志，把你們一群小弟弟
小妹妹的日後發展，不得不用你姊姊在國共中爭奮。你
們也用功著吧，在你們的培植，要減少父親一部份的擔
負，就要奔著。我的流浪時間中仍得續學，並且一方面
的家庭發展外，還得開發社會、改良社會，這是我的夙
志。能達到家庭，必能展社會，我要自厲。

7 月 20 日　木

同鄉的確是好的，素心來後，這樣那樣都是極周到
的。今天又借來了一大堆書，真是周到。今天一連的打
噴嚏，何時得好消悉。

7 月 21 日　金

接德基先生來信，極為關懷，匯款事又能代設法。

可是我還些怕差，既能暫時的立身於外，為何還需家庭
的接濟，不是太講不過去嗎？真慚愧，以此慚愧的心奮
起努力，可是不幸事又在發生了一次次，傳來校中不
招考，而且在校登記的沒有用外，先由十一中學分派完
後，再收這裡的。試想這是多麼靠不除的言語，真是進
退維谷，上四川又是一次的茫茫流浪，不容易即得安定
的學校生活，如何的惆悵！恐怕又有一次的流浪，可能
或許必得要過波折的生活，無福閒受安定生活嗎？

7月22日　土

進貴中的事實恐怕不能實現嗎？在先定八月一日
後，又定八、九號，最近又是不考了，真是莫名其妙。
教廳的命令也沒有確定，倘日子常下去，同伴走了後叫
我又怎麼辦呢？可是難得僥倖能入貴中後，以後的保障
和背景又不知在那？方僥得進後亦是茫無線束，畢業後
能入高中，又一問題出來，考學校更無把握。這次的進
退多難，可是我必須要振作自強。

7月23日　日

交際太廣了，每天有信，而且兩封一次。整理起已
有五、六封沒有覆的，消費太大了，從後起不能是糊塗
了，不重要的不能聯絡了。今天寫照片回去，我想太過
分了，父母看了一定有所感促。

7月24日　月

什麼算得上大學生，不但自從我來後沒見洗過幾次

操，連頭都沒有理清過。所以今天掉下的頭蚤不知若干，並且掉在白衣服上一個烏芝麻，看了真怕極了。像這種人能考取了大學，亦大家避他等於零的。

7月25日　火

師範生的得不到考大學，空氣異常緊張，看他們可憐的東奔西走的想辦，結果沒有好的、妥當的辦法。可是我半月來的揩油，今天被拆破了，要我們去算飯錢。戎娟之神氣得極的，要我向孫先生處算，我們不管，吃完了一餐再講。這一餐是過去了，去真的講明了，可是他們兩人一個找不到，就請了一位駱瑾代我去講。起先是包在廚房下，還不答應，後講到讓大家吃完，再我們新生另開一桌，這不是笑話嗎？既然出了錢，還是同在飯廳中吃，不是我們太無用了嗎？不，我們要送到宿舍裡吃到，結果還得問明主任後再決定，氣死我們。無「後舌老板」者受此種困難，這學校根本目的及性質全為戰區生而設的，而不為我們戰區生解難，不是失其目的及性質嗎？我們的新生暫不是你貴中的，那末這是時間性的，早遲後都是你們貴中學生，亦是國家流亡生的一份，你何必與我們苦苦的作對著要我們的錢。流亡生是出不起錢的，你為救濟流亡生的好事做到底。把我今天一晚的心神不得安定了。元玉姨還不回，連等到十二時左右，亦不見人影歸來。

7月26日　水

他兩人昨晚不知宿於何方，到現在還不歸，我的事

不知怎樣的解決。「後舌老板」又不易找到，只有鼓足
勇起去找德舅舅再想法。吃午飯亦是不願去，同學的盛
情帶來了一碗，並送來病人的，我們就吃了一餐再講。
根本莫名其妙，要我們另外出飯費，這不是給廚下多賺
的嗎？像這許多的同學中，多來一、二個那裡覺察得出
和損失，這不是硬與我們作對嗎？多添他們的進款嗎？
學校的包給廚下是以桌數為單位的，不以一人有多少
的。反正你每桌上是很少人的，甚至一、二個亦不定。
有了這樣的空位，何不把流亡生暫時的安插呢？祇需同
桌同學沒有話講就得。並且自發覺後，吃的飯錢亦要補
出，真氣人，莫名其妙的要我們出這種冤枉錢。這次我
們要反抗的從後起，當然再開始能夠送來應當出錢。又
有一次的青天霹靂，新生非要教廳派不可，本校登記是
沒有用的。我又更一重的困難了，食宿問題還是發生困
難的，怎樣進校又要發生動搖了，更要想出急救辦法
了。他們幾位是想向教育部用公函式去登記，然而在我
們想來還是夢想，水中撈月的。以我想是白費空勞的，
反而把證件犧牲，不是太不值得了吧。我是決心的不去
試的，吃飯問題已是。今天晚飯送來了，並且要付半月
飯錢才送呢！

7月27日　木

　　入學問題既這樣的發生困難，在此地校中的先生又
沒有熟悉的，還是想辦法向後走吧。真說不過去，剛到
銅仁又要想法走了，被醫院中人知道後，不是要笑我了
嗎？我不能定心下去，要再渡我流亡生活，這是我多少

的痛苦。想我的生活過程中，還要過一次的打擊嗎？德基先生的錢不知何日能到？幸虧宗德舅的不走，還能比較好一點，不然的我還要苦極了。早些錢到吧，或許早些想想辦法要妥當些吧！吃飯問題終算已能全部解決，半月的錢先付完了。這一方面的人完全是所謂死要錢，就付清吧。今天的得信相對照，正巧是那天的寄出日，真居心不良。到將晚時又有一個恐怖的消悉從女指導員的口吻中發出了：「今校長有令，你們未入學的新生不能宿於校中，快些搬出去！」這是多麼的兇狠，事已至此，不得不聽從了。後向德舅商議下，能夠向主任及級任去請求，結果已能答應，並能書條子到女指導員那裡。

7 月 28 日　金

那知的確校長命令，宿校問題實不能。預備去找房子吧，然而我們是從不發一言的，祗有由他們去作主吧。

7 月 29 日　土

要我們搬出的空氣的確很急的，德舅、元玉姨幾人去找房子了。到同鄉家，天幸已有一間空的房子，房價還低，每月二元而已。不管他吧！每人多出了五角錢也算好了。回宿舍吃中飯時，來了張炳芬先生一信，他是如何的關切我，並且知道我要走到四川去，就寄來了三十元錢。可惜不明由郵局所誤，還是醫院中那一位揩油了，到我現正需用時，竟不能即得。我真急極了，可

是事已至此，也無法可施了。等一回父親又來了一信，
張先生寄錢事父親亦已知道，並且已預備去還給張先生
的家長了。真不明白父親也已知道，這一定時間很長
了，為何我還沒見收到，而父親又在還了。可是我做兒
女的怎得忍心坐吃的死錢呢？應當找些事做吧。然而非
離開銅仁那得事做，能力上又不允，金錢問題又困難，
他們要迫到我這樣田地的。下午了，女指導又來問我們
快些搬出去，房子找好了沒有？我實太氣了，所以就不
顧一切的發出氣話了：「我們找到了房子，當然搬出去
的。」這是我的太很了，一定要氣我的。吃完晚飯搬
了，搬出去了，當時送我們的真是熱鬧極了，我與素心
自己擔了一個被褥搬出去了。玉姨為了自己的考大學，
不能來送我了，所以他們就沒有來。其實在於我們幾人
的住在裡面根本不出問題，房子又極寬餘的，多幾人一
些覺不到的。這是權在他人手，我們無法請求的搬了。
送行的長長的一行人，把我們四人隔在其中，一些也看
不出。到了、到了，新陣地是三層樓房，我們就在第三
層上，可以說是舒服。床沒有的，四人兩個地鋪，倒很
清靜的。同鄉極誠懇的招呼我們，真萬分的感激，能夠
同情我們流亡生活中一段的。難民生活是老早就過去，
而內心中冷掉了，可是今天的第一晚，又開始了我們的
難民生活了。心內的悲觀如何發洩，腦海的盤旋，在我
個人能諒解，旁人是沒有感促我的痛苦及極感。在父母
回鄉時，我就有讀書的志願，與其回去再出來進校讀
書，還不如流浪到目的時，再申夙志。就暫時的留在醫
院的，不去吧！為了前途初中級段的一張紙就流浪、流

浪渡過黑暗的社會，受過無群的波折和煩腦，終算到了
辰谿，就有進銅仁的可能，就不避風雨、不辭冒險的到
了銅仁。那知貴中的性質和明意是為流亡生所設、為救
濟性質，可是在於對待我們未得入學的新學生就不以為
然。他就一次次、一件件的事，不允許我們流亡孩子為
方便。這是我感極而悲，今天的深夜就在這種情景下溜
過了。

7月30日　日

　　今天從新陣地中起身了，走到女生宿舍，剛他們去
上操，還算早。我們在洗面時，廚方伙就向我們說搭伙
食的必定要到那邊飯堂上吃，今天起不送了。這一句無
為的言語直刺入我的耳道，真是一次次的把我們迫直迫
到無路可走。他們真有這種的冷心嗎？的確是冷血動物
嗎？在我想冷血動物還有些靈智的，何恐你們亦是站在
流亡陣線上，把你們的同胞直迫到都做亡國奴為至嗎？
你們有能力拯救許多的流亡學生，為何在乎這幾個孤苦
的女子輩呢？他是一定要我們到飯堂吃，讓老同學的吃
完，再開我們的飯。這不是猶如求乞你們校中的飯嗎？
自己出錢吃國家飯，還得受你們眾人之閒氣。在以前幾
次我是沒有開過一這發出一句冤言，而今天這種事，不
是太欺侮我們嗎？自己出錢還受他們的管束，所以我就
要發牢騷了。有意發給女指導聽聽，我就當他們兩位的
人商議一下。那知沒有講了兩句，那位獨龍就把我一大
番的教訓。這是第一次受人無情的教訓，從今天起更認
清這位獨龍的為人完全是趨艷奉勢的好朋友，我是不能

與這些冷面冷心的人交談了，認清、認清。下午德舅舅
又來對我說明白了，為了繕食委員的關係，的確一律不
送出來了，要我就去吃吧！大約在大家吃完回來，你們
就可以去了，隨到隨開出來。晚飯去吃了，我們四個可
憐了，不成樣子冷悽悽的走進飯堂。他們完全吃完了，
就剩下我們四人在飯堂上，為了俟餓，只得苟延殘喘
了。幸虧還有一桌男生，比較還有些熱鬧。

7月31日　月

　　為了生活問題，大家吃完後的我們去吃，真如校工
一樣的，沒口無言的吃了。就回想著元玉姨處定要去一
次，居然他們極用功的溫功課，考期已很近了。為了進
校問題已無他法，招生消悉根本聽不到。所以德舅得
到了一個殘廢軍人的子弟能夠入學，有證明就可以了。
事是容易辦的，可惜處於勢力社會中，張書記官一定不
允的。因為一定是有事來請求人，無事就不把他們在眼
中。還是識趣些，向別處去想辦法吧！為了我一個人的
讀書問題，竟煩了諸百眷。

8月1日　火

今天的生活已在和緩的狀態下過去了，可是不景氣的消悉仍不斷的傳來，學校的開學日期連裡面的教師也不得知道，搬家亦是如此。在聽了張、刁兩位先生的告訴我們能夠在學校登記到了，進校可以不生問題，維時間性罷了。在各人的傳來，在今天到銅新生，都是校中登記的已達百餘。因為校中不能住宿，自己租房子，所以銅地老百姓就隨著房價飛漲，並且不易找到。這樣校中無招生消悉，學生反而緩緩而來，叫這些流亡孩子怎樣過得去生活呢？學校早一天計劃招生，這些孩子可以少受一天的經濟恐荒。

8月2日　水

光陰是飛快的過去，可是我仍是糊糊塗塗的過著，精神是如此萎靡著，手中快要成無文光漢，這是多麼的危險！進校無期，吃飯是一餐一天的過下去，而進校無期，手中要光了，而要完了。我已無法、已無救，祗有唯一的希望是有人接濟，達成事實。

8月3日　木

由親眷同到孫先生公館中去玩，順便拿一本書。孫師母是如此的客氣和殷勤的招待。孫先生的女公子只在八歲，他已能自制，每天做日記，而且字亦寫了怪好的。這是歸功於家庭教育指教有方，所以得此效果。回憶我的弟妹達九、十歲的，不要講做日記，就是寫幾個字已不可能了，還要極嚴束的感動才背好好的寫了幾個

歪歪斜斜的不成樣子的字。倘使我能回到家庭，必定用我所得的教訓和經驗好好的運用一下，把家庭整頓清白。

8月4日　金

大地都是大地的兒子，祇有土才是真正的母親。當母親把初生嬰兒的臍帶埋藏在土裡，就是報告大地的兒子已來到人間，亦是人與地所立的永約。大地的兒子，那些赤腳的農夫，把食糧灑在地上，再從地上取出食糧。把血液灌溉到食糧中去，再從食糧裡咀嚼出血液來。他們赤著腳在大地上走，大地的熱氣從地心傳到腳心上來，使得他們健康。大地育養了他們，作他的搖籃裸母奶子，看他們睡眠、長大、粗茁、粗魯的大笑——然後當他們血液飽滿的時候，則把他們奪回去，安安靜靜的奪回去，沉默的毫無寬貸的這樣作著。用苦工、用勞作，這是我們為大地的循環，不斷的把我們作著不斷的作著，更為大地受盡人生的蹂躪，亦是大地賦與。尤其勞作著的農民及苦工的他們，在草原之上投擲著他們的童年、青春、老死和沉重的工作，他們就在這種單純的屋子裡交代過農民的一生。大地、大地真是這樣的過我們的一生，就這樣的完成我的微生。

8月5日　土

在這大地的海，的確顯現出社會的不平。尤其淪陷的大地下，已被敵人任意的蹂躪。敵人不顧人道的推殘得，東北的農村同胞被迫得組起義勇軍，被囚的犯民也

與農民聯合起，以致全村被敵洗得血肉橫流，這是他們一般忠實的農犯。明犯的自己也明知這次遭敵的必來洗村的，為正理、為民族生存、為自身解放，用血肉復仇。一般可敬的、勇毅的東北同胞，自己發出最後的呼聲及所抱的目的，就是這樣的死。祗有一代那樣的死，要蔓延到三、四代……無數代呀，還得經過同樣的這一次，否則永遠好不了！……他們已為此而就這樣的結果了，以繼著的一次次的無盡次相繼而起的。沿著他們的光榮的史蹟將永遠的不滅、永遠不燬。東北的失地未得一線希望，而今已為東北幾倍的擴大淪亡區。我們應當用血的事實來報復我們的血仇，恢復我們血肉失地。時候到了，是時候了，我們已是時候了，敵人侵略到我們再無退了，反抗、反攻為總攻擊的時候了。

8月6日　日

包好了飯，還無飽肚，真是滑天下之大稽，不得又要化我些困難的金錢。為負責而負責，不負責而不負責。為著一個同學的向旁的寢室中搬出了一張床，沒有對極其負責的指導員講明，以致負責的的指導員就發起皮氣，甚至無為的與同學大罵起來。到以苦口婆心的先生善誘學生，而與同學就大鬧起來，有許多該是指導員的責任。而另外向無重要的銷屑事去發展他的負責，未免太不得其當嗎？已辭職而不管事，今天的事又要來治治風光，被學生的一大恥辱，真要得當而不得適當。

8月7日 月

興高彩烈的起身，有飽肚的希望。走到門口，街上是寂靜的、無聲音的，好似來著兇暴的腥味，又有悲慘的、哀悼的。路口無一個行人，在目及到處兩頭的哨兵而已。我們得冒險的鋒一陣吧，並且問個澈底，肚子的餓也是情願的事情，不以為然。那位哨兵是多麼的神氣，我們要講情，他是如何的無情，並回答的「沒理講，是公事」。我們是被拒，而只得退回了，仍是不明白何故的戒嚴，肚中已在嗚嗚作響了。坐在門口等候著通行，沒多久哨兵在叫著不要一般百姓們在門外講是縣長來了。那倒好了，可以看看銅仁縣長如何樣的。不一刻，嗒嗒的皮鞋近來了。哨兵行了一個有氣無力的持槍禮，樣子在三年無糧吃到，或許鴉片未抽足吧。縣長還算有精神，是一個年輕在三十歲左右的，穿一套草綠色帶一些黃澄澄的絀製服，頭上戴一頂防止烈日的軟木帽，竟有一鼓英俊的氣蓋。這不像是本地人，帶著下清風味，果然府上是安徽縣長。過去就有調查戶口，用意在搜查土匪。因為前天發生土匪想進城搶劫，不得進城，竟在城外搶劫了。銅仁百姓完全是「死要錢」，開口一件小事就是先要錢來。今天感到四、五件事都是同樣的，先要錢，錢放在開頭。

8月8日 火

通信是好的，一方面貫通兩地消悉，又得增進學問，另加意外知識。然而在謝看護長的來信，固然文學方面還好，可是言詞太使人難堪。自身年齡已這樣的大

了，而居心像年輕一樣的。幸而年齡比較大些，我也就糊亂的覆了一次。已是通了幾次信，不得不敷衍而已。

8月9日　水

　　到車公館的，接玉姨回來。他們的大學迷夢已完成了，幾天敖苦的預備功課，在今天一定完成自己的使命，考大學的慾望。在沒有准許前，極其的難受和請求校長代師範生特別的通過緩期服務證書。在這樣的一度，已在今天結束了。走進車公館，大二哥都在洗衣，玉姨在房裡，睡在床上。我有一些驚疑，看他的眼睛是紅紅的，並且精神不太好。考了、累了，都考完了嗎？在進房門是就這幾句，「不，我已取消資格，沒有再進考場的資格，沒有我再錄榜的資格，考卷沒有再被批閱的資格」，把我呆住了。不會再開言問個明白了，而且不會安慰了。問明了什麼事，原來為了書本帶到考場而沒有交出來，放在自己的課中，被監考主任查到後，就要受到這樣的處刑。冤哉極哉，唯一的希望完全消沉汪洋，並且已剩了最末的兩門課，全數已考完。而今天一旦拋棄，不是太可惜嗎？都是多數是同情的，同情的是太可惜了。監考主任固然應當這樣的嚴，可是太使同學的傷心了。據說取消了四個這裡，貴中的風氣太利害了，所以有今天的敗壞。

8月10日　木

　　楊仁是一位大學生，可是性情及態度沒有大學的資格。最喜歡的與旁人辯論，無理能得到勝利。為了一句

護士學校的畢業再進產科就大辯起來，不知我今天的特別高興，也就站在反對的地位上，就反對了。結果雖是我一人辯不過兩人，而事實的證明，有理論的評判者可以說是我得勝的。他說必定在學校中出來的才算有資格，才能入社會做事搏得聞名。然而再一層的檢討，在很多的文學家中沒有得學校的畢業，並受了極少的教育，現代的一位世界能得聞名的不是很多的嗎？所以在我的批，楊一定得不到同學們的幫助，和粗蠻的性情太不得同學的同情。

8月11日　金

大學的迷夢算已過去，然而高中生的妒嫉師範生的考大學，並成績還是不差，就有一次的謠傳出來，說是師範部的同學有賄買卷子之說。當然或許有事實，的確太無聊和無知識，可是沒有此事，不是師範生太可憐了？這次得到的考試亦是用了九牛兩虎之力才得這次的嚐試，而今用這種無為之談俟到師範生的頭上，不是太累事了嗎？

8月12日　土

明天是玉姨束裝動身了，所以今天我也伴著同樣的忙碌。整日的奔波一天，出了幾身大臭汗。吃中飯時，接得德基先生信，原來是雙掛號。德舅遞給我是有錢來了，拆開一看，居然匯單一條，上蓋著法幣五十元，有辦法。已到了絕路，今天真來了，頓時快樂極了。德舅又來了，講了幾次的給錢玉姨，那知到今天最末一天還

是不好意思的拿出來。人太沒用了，為何識趣到如此，反而把大事擔誤。預計的買什物也沒成功了，實在要錢了。玉姨不顧難為情，竟開口今天帶來否？就很容易地拿出來，又是三、二個鐘頭才走，真一個太沒有用的人。為送明天走，就吃糖芋頭，吃饅頭，倒把我們吃個不了。為天明天早上的送行，就沒有住回去，預備在晚上與戎娟之發生衝突的。到點名時，正巧我們倆人在洗澡，所以一方面躲藏。在打鈴時是警報了，看了他走過我們浴室時，飛機在我們的頭頂上略過了。點完名回去了，敵機已回。我們可以安心了，可是還沒出境。看了她睡後，警報才能解除。我倆仍是避來避去的，不趕作一些聲息。實與他沒有什麼多談語，在看重他是女指導員，應當與他講一聲，看不起他，不能器重。安安穩穩的一睡到大天明。

8 月 13 日　日

早上四點多是我們送行時，在臨行是的確人數異多。我們一直送到謝橋，沿途歸來就折玉族庶，怪有趣味的。自私心任何人有的，晚燈共計一個，她就是一個老實不客氣的放在自己頭前。已是極其累的，我們既看不到書，還是睡吧。那剛睡著，他們就是鬧個不清的談話。一到早上，預備多睡一回，他就狠命的把門打開，又是鬧醒了，蚊蟲就成群的沖進房來，真與他們在一起說不出的痛苦。接潤生兄來信，證書已能辦到，並寄來兩期雜誌。書籍貴到極點，並照原價還需加六成、八成，真把我赫得不敢開口要買了。

8月14日　月

不失約的信念。今天走到附小去看一次高先生，並且李素琴同學的說明一聲。玉姨走的時間，他們真客氣極了，將吃飯回來。

8月15日　火

形式而形式的銅仁老百姓。他們懂了一件的須衛生，他們連河水不能用以洗衣，講河裡洗衣是不衛生，而不能飲食的。真是只知一原理不知二原理，只知洗下去的是汙水，而知把水挑去吃時的衛生。街道及家庭的不整潔是想不到的知衛生，而生水拿起就吃的，真是可嘆。得家書淚雙行，父親、哥哥、姊姊有三封的家書，倒把我一喜一痛。父親的週到寄給校長先生一信，真愛之害之。已預計好的，並用了九牛二虎之力，幾方面的人情，能夠爭到了假證明。倘使直接寄到校中，不是弄成了二層的笑語了嗎？真是做得太急促了。

8月16日　水

最難解決的是生活問題。為吃飯的付錢，的確鬧了人不亦樂乎。為經濟計，幾位畢業同學想了妥善辦法，與他們同桌吃吧，不用另外出錢，何樂而不為。那知校方一種人，為著賺錢的地方太少了，就在此時期中，就向學生身上撈些錢吧！所以我在從前，所到他們畢業班的空桌上去吃過的飯，都要補出錢來，這種未免太對我們未進校的學生苛刻了吧？所補出的明明是私人的荷包中去，這是明顯的事實。他們用了舒

服的,而苦死了我們。

8月17日　木

　　我的童年,偉大和著名人物必在童年有一度想當偉大的,歷史及環境的製成,然而在很多的特殊經遇,他就輕易的放棄掉。所以像高爾基的經歷,是黑暗、惡劣、汙穢的,他就利用此點,創造出這樣世界聞名的文學家,並且新的俄羅斯建設者,和他的創作成了革命的一種很大的力量,和他的行動和革命的脈搏始終合致的。在高爾基童年時就全部的感受到舊俄羅斯的野蠻的生活的,這些難堪的恐怖,因為那是真實的、鄙賤的事實,這些事實將永遠未嘗消滅了去,所以他就必須追蹤,看到牠的本源,並且必須從記憶中、從人民的靈魂上、和從狹隘的、鄙賤的生活上,連根地跋起來的結果。那激動他的向前地到那全數俄羅斯人民相親相愛地生活著,今日的新俄羅斯已達到、已全數享受到互相和平、互助相愛的生活了,已到達亦是偉大的高爾基先生賦與的,添身受到的恐怖發揚出來,當然是全美的。

8月18日　金

　　那是可怕的、野蠻的,把一個休克的病人當急症、當旁的病,把他作弄著不當是一個人。一個病人不能使他安逸的睡、休息著,不能恢復。所以只有死不能再救,這是全數被他們弄死的、野蠻的、可怕的。我不能再目覩了,唯一希望我們賢明的政府當局,國內事物最不刻容緩的是醫學智識普遍,才是國家之運、國民之

幸。冤死的標準漸漸破除，國民之幸、國家之運。剛才
可怕的景象，已在眼帘中漸漸消沈，然而腦海中已刻了
深深的形象。警報鐘聲慢慢的、斷續的響起來了。這裡
同學極其膽大，不用躲的，所以我也隨著不走，出去是
向東不識西的。我們幾人站在門口看街上的逃避的老百
姓，有些是急忙的，有些是定心的，因為今天是集場，
格外擁擠。我看了心中起了一慚波紋，心神不安定了。
自己覺得面色有些變了，這是恐怖的、慘痛的、殘酷
的、野蠻的、無人道的，我不忍再想下去、再看了，腳
步慚慚向後移了。世上竟有這樣的殘暴，在山國的銅仁
已是偏避得沒有了，今天為了避免，大家又遭一次的奔
波逃避，扶老攜幼，背著箱籠被褥。這是恐怖的、慘痛
的、殘酷的、野蠻的、無人道的，我們要破除它，敢出
它、消滅它。

8月19日　土

　　謠傳聲中得到了玉姨的平安信。他們的確的到達了
晃縣，無阻礙的到了，我為他們祝福著。我初三的進不
得，叫我怎樣的好？高一自量接不及，初二不情願，不
知何日能進校，才是我安定的、妥當的生活了。

8月20日　日

　　時間一天天的迫近了，在旁人已想像我們的功課能
夠預備了能。可是我自量考初二的功課還是不能，不要
說跳上二級。我有相當的著急，幾何、英文這是我最擔
心的，請人教又是找不到適當的人。走到車公館相當的

遠，事實辦不到，我自己知道的。假使考了不成樣子，怎樣的臉面見人呢？

8 月 21 日　月

　　「己所不欲，勿施於人」，這是由一位中學中的教員，他是常以此一語叫我們同學，並且青年最易犯的的一點，在此賁中常常發現。這種病的人最易見的是一種自己已身無分文的窮小子，為了自身的生活解決，並且生就的喜歡小拿拿人家的東西。可是捯到我們倆個又是一個光漢，兩人僅乎能維持幾天的肥皂，可以暫時不買而度過，那知今天代你拿去了，它代你去用完了，真把我們氣死了。既知道自己那樣東西不順手時是痛苦、是難受的，現在我們不是已成了從前的它了。己所不欲，勿施於人，這是青年自慎自惕的。把這句警惕青年的座右銘，不能放鬆、不能疏遠。已能夠認清這一般的同學中，已無人格、無知識，稱不到學生，是敗壞者、落伍者、無救、無藥治療，這是這一般青年的可嘆處。

8 月 22 日　火

　　近來的冷水操恐怕置我病了。女人病已九天才去，那知三天後的昨天竟又發現。而今天不覺多，可是精神已大不振了。預備的功課，在旁人看來以為我們可以充份的預備到差不多了。說也羞愧，不但稱上預備，連線束都沒有，怎能去應試呢？我真怕，並考了不成樣子，怎樣辦呢？

8月23日　水

它們一輩的自大者，講出不顧前後、不思考一般人的痛苦，用肆無同情心的言語加上痛苦者的頭上，這是使痛苦者多少的難受。它們已是被國家收容，吃的、用的，一切一切，不是你完全在靠著國家享用嗎？你是被稱為國家一份，我們未尚不是？老實說，凡中華民族的同胞，都是有真摯的熱沉、真誠的同情於。恐怕它是冷血動物，沒有理智、沒有心腦、沒是中華民族的同胞，就蠻無人情的用無同情的語調壓上痛苦者的頭上。因為學校還是沒有收新生，等待校長電報，所以我們一部份的新生進不得學校，作飄泊的、無下落的生活，已是痛苦到極度，最好有人來安慰、來拯救。然而它們竟下著這種苦藥劑，撒出擊捷痛苦者的悲憤，它們不以自身的立場及處境，竟忘了它本來面目，以國家而國家欺人，未免太渺視國家了吧？具有真正的心腦及真感的、真思想的，就代我們的不平，代我們氣憤，並安慰我們。

8月24日　木

居然每事每物，在一般理智的人不輕易冤枉它人、誹謗它人，可是已有事實的證明，並且已有幾次的證實。他們都講它作的不是一個我，他們也害它的魔手拿去幾次。今天竟冠冕堂皇的拿出來了，已用剩了很少很少的一點點的，是我的新生活皂，自晃縣買來。今天吐顯出來了，它以為我們可以不認識了，用了很可以，看不起來。

8 月 25 日　金

抽命處又是要來要飯錢，幸而他們倆人能代我們去
伸述。請李教幾何。

8 月 26 日　土

窮作樂，富開心。今天居然把我們的餘暇去作我們
的餘甜，幾角錢的甜樂，吃得肚漲飽痛。

8 月 27 日　日

今天的孔子誕生日，居然在銅仁遇到了。在去年
吧，根本是在糊塗中消過的。從前幾年，還是在老家時
的學校中飄流過了。今回憶起來，真有無限的傷感。高
同學要我們去燒菜，真的煮了一個很好的菜，把我們吃
了很飽。甜蜜待人的形象最重要的，神氣的一位簡一同
學同學就目中無人。從前受到的威屈，今天想要求我們
事，絕對的拒絕了它。請求的東西今天做到了，做得真
好極了，一切都想附合的。最可惜的就是父親太多憂，
反而多害。以後無從著手了，太可惜、實在可惜了。

8 月 28 日　月

這幾天的言語太沖撞人了，並且不加思束，任意發
言。有許多同學太不能滿意我了。從後起我是不能再如
此，倘使不改，必定受自私自利的同學的一樣的痛苦。
不能再這樣了，少開言為妙。搬過來住師範部，因萬珣
等的自利，我渦之房中住不下了，就住駱瑾房中。談談
從前院中生活，真要笑了我肚痛。

8月29日　火

高先生的盛情，留我住在她那邊了。今天實行搬家，又是素心送我過來的。聽到他們的同學各分意見，為了男同學寫一信，給級任導師完全斥問的言詞。有一部分同學是不情願的，可是在實際情勢下，不得不附和就是了，所以就造成了許多的惡空氣。晚上開始吃Quinine。

8月30日　水

的確車公館的生活要舒暢得多，吃仍是滿著三人吃兩人的，到敗露時再作計交。洗澡每天有，連這幾天涼快的天氣也有水給我洗，這舒暢的幸福，都是高同所賦與。許多的同學都賞月了，因近幾天的月色實在好極了。可是滿天星斗、明月照空，確是富有詩意的銀色的大地，可是在我們一群有家不得歸，飄流、飄流在幾千里路外的異鄉，遠離兩親，已有一年。在皓白純潔的明月，照遍了一群有家不得歸的流浪兒，更發射在可憐飄泊的浮萍上，不是更悲痛的、傷感的、慘憤的。到這時我該以淚洗面，拂清我的雙目，再賞這郎夜。

8月31日　木

今天是為了玉姨帶書去的處置，就跑回了師範部。那知去了以後，不能當即就回來，所以就睡在那邊了。謝先生來了一封信，這次鼓勵我的不少，可是開我玩笑的也不少。像特地告訴我的謝維鈞行蹤，並且加上幾句特別恭維的話，用了我完全反對的語，他

定又是一大番的問我了。

9 月 1 日　金

的確小學教師不好作的，像高先生的一天忙到晚，每月沒有超過二十元。所以師範生實在苦寒，苦死了得不到好待遇，並且畢業後的待遇沒有高的，還不如軍隊中不識字的，也能夠得到極高的待遇。這是對師範生太不平了，既然國家的教育完全是寄托在師範生身上，為何又無好待遇，這是太不平了。最好有一次的不平則鳴，後來的師範生就有辦法。

9 月 2 日　土

他們異想天開的要住在校中，終於又要趕出來了。可是房子已退，回來恐怕再去租，有些不好意思了。可是這次全部要冤我一人了，然而我也出於無難，要去和人家討厭、和人家擠，完全為一方面的盛情，硬要我來。為了卻不過盛意，利用時間關係也就樂就了，那知他們見我走後，就把房子退出了。這是我也沒有辦法來負這職的，而他們必然的要來吐罵我了。退房子動機確是我而起的，做事不忠實，必然要我來承認、吐罵、冤我。他們是不免的要出口來打到我頭上的，可是我呢？祇有用悒鬱、哀惕，來懺悔我這次的憤恨！

9 月 3 日　日

的確你實心的同學處有過一段時間的朋友，有處你比較長久些的時間渡下去，過長又不興了。我到這裡已給他全數的歡迎下，我就來了。可是四、五天過去，本相現出，有不樂意的樣對我。而我呢？生活崇崇不安，

完全抱有極虛心的態度了，吃飯也不能放大了膽，什麼
都不是我的自由、我的大方了。要想開口把我飯包在內
比較要妥當，可以使我稱心，可是又開不出這樣的口。
不聲不響吧，又是我的心不能安定著，虛心的過。這樣
的生活下去，不是要把我焦燥死了嗎？現在又開始在惴
惴不安、心虛吃飯，這是近數日來的不安逸生活。

9月4日　月

在我這一生中已受到莫大的打擊。不要說是暫時能
夠進校，進了校是精神的、痛苦的，受他們的檢主。可
是在這樣不得表白我的心跡時，他們終究是忠信嘈囉
婆子的言語的。未進校的新生就給人誹謗到賊名上去，
叫我怎樣的生活下去呢？為了元玉的結冤，就無道理、
無理由的加到第三者的人身上去，受到無關係的冤屈。
可以有水落石出的一天的，尤其在無根據中去辯白，是
沒有證據去洗雪的。除掉由幾位同學去證明外，無辦法
外再沒有這樣的好辦法了。事已至此，更加上精神上重
重的痛苦，無法解身。這是人生中無意義了，人生上的
缺點，例外的打擊就此加上了。

9月5日　火

今天起吃了有根據的飯了，不然我是不能安心著吃
這種飯。的確高先生的盛好極了，並且是義氣的。最深
的缺點，是人生最大的恥辱，莫大於賊的一字，最下賤
鄙陋的是賊。這樣看來，這次的恥辱是生平史上最痛
苦、最不能呻吟的時候，真是把我厭世心起了。不能再

痛下去了，幸而許多師範部的同學是很能代憤的，確是一件冤枉的。

9月6日　水

　　莫名其妙的事又發生了，居然在今天下午，宗德舅把我所收到的平信請校工送來了。裡面兩封是家中來的，一封是謝先生，一是張憲兵的來信，簡直罵的素心狗血憤人。第一是說他忘了同鄉，把貴州兩字倒記牢的，並且要我不要與無血性的牛馬做友，是宣統三年的頭腦……把我拌了不明不白。尤其說上車時有某某送行給某某的信，我想貴州兩字一定是楊衿。我是站在例外的立場上，可是我看了太過意不去了，看了他們倆方面的不公開的筆戰，把想空了腦筋，還是向睦去探問吧，裡面的實情完全由他才能辨清。這次給信回去，代小妹妹取一個名叫琼玉，玉外八角而中圓之意。係我們八姊妹兄弟就像一塊琼玉一樣，八個角齊放光亮，照耀到全中國、全世界、全民族，以我們八角團圓起來的同時發暉、同時照耀。在我理想中的，快樂團結的家庭為一般社會的改良家，或作模範。只是要我理想中的到我實現，就能對得起父母。這次的奇望不負國家的恩養，到那時死也瞑目？！！

9月7日　木

　　今天的成績還不差。走去問睦，已能看到在他的口氣中，素心的確接到一次楊衿的信過，而也有回信是要車票的。住是她一個人住到楊衿介紹到一個旅館的，睦

兩人又另外住的。所以事實已全數察明，在張的意思是你同鄉沒有通訊，反去與貴州人通，並且一住一的在一家不十分好的旅館中，所以就有破口而罵的必要。他的這次組織是由血氣造成的，他以為來次的忠告，確定她是不甚好，可是這次的口氣太以了他的血氣而寫成，所以有很多漏洞。好像通訊的意義是專一的，與他通了就好，不可以有第二個。這不是太陳腐了嗎？實在他們的學識太好妒了。在我想來為救一個青年認定真目標，我倒要給一信才合理。

9月8日　金

這是我生活歷上更汙穢、最痛苦的一頁。每故中又來說到，我三樓上的一條被單被我帶走了。卻是莫名其妙，三樓的如何情形，我一通也不明，不認識三樓是如何走去的，怎樣我去飛出來的，未免我的神通太大了。這事的冤枉，幸虧有高先生能夠代我證明。這件事實真太使我痛心了，自我自醒到認清處世的一天就開始，我不用兒女態來表示我的儒弱，用真義正實的頭腦，解析我的障礙，辯明事實。可是今天的冤枉，不但使我哀痛，太使我失望，突然今晚發出我一次從沒有的深刻的長嘆。假使真有人去信任它的鬼話，那末我一生的名譽就此敗壞到它的手裡。我是有立志的青年，日後立身於社會，健立事業，怎能有這種的大障礙物在隔我光明的一層？現在最少在我的能力下，把障礙物打退，奮鬥我最痛苦的命運。

9 月 9 日　土

校長回來了，新生的辦法有了一線進路。今天公佈了投考學生調查，我們能夠登記，就少有些希望，等待著再公佈考試的日期。

9 月 10 日　日

校長紀念週的報告，女子部已能成立，新生大部分是必須自費，考期無宣佈。最近的國際形勢正是變遷萬狀，歐戰的衝突已有小接促，恐怕有德英、德法的衝突，已有很大的恐慌。這次的歐局真是不免的大動，實在醞釀了太久，所以一旦爆裂，事情要不小。

9 月 11 日　月

居然有簡章出來了，招我們一班的。名額雖很多，而考試的功科太難了。在兩天中要考到十多門科，還要口試等都在裡面，不知怎樣的來得及。像我真是苦到極點了，要看的書又無處借閱。此的的同學根本有他的利才能來接近你，無利不近情。這是普遍的，到處皆是。這裡的濕氣太重了，不但我兩個腳上為細蟲咬後，現在變成爛了，在身上也發現了癢小粒子，真把我受罪死了。

9 月 12 日　火

又要浸入無聊的狀態中了，考期還遠，書籍全無。三月來的看書，翻來覆去仍是如此。所以成了厭倦性了，鼓不起精神來。還是早起預備著走的一著吧！

9月13日　水

車公館的水發生大恐慌。為了一句太冒失的話，使了腦筋簡捷的老百姓就生氣了，挑水的一律罷工，所以成了大旱年的景像。所以我就走到師範部洗澡、洗衣，到底的素心待我不差，我又像母親處一樣，我要什麼，他就給什麼我，可是我倒有些過意不去的。一個女子或男子，雖在寢室中有外來的男客或女，可是他們還是老著面皮，穿了臥時的服裝，並且還有另有一種的態度，顯現了怪樣子的。所以今天的坐下一回他們的房中，不免要使我作三日嘔的，太散漫，無正理化。

9月14日　木

生活又是不和平的過去了，考期是一天天的近來，書籍不能盡量的看閱。高先生住的宿舍，恐怕在幾天後要搬走了，同房的老師也要快來住了。可是我雖是安逸、舒適的生活，旁人看我是極閒適的。在這種不安的、虛心的、焦燥的內心，有何人能覺察？以流浪生活的過程中，恐怕要這一度的生活，最使我悲憤的、痛心的、哀傷的，並且虛投著金錢換來的時光。在此一季中不能回答父母，無成績報告父母，這是生活的景像。

9月15日　金

約好的今天去拿書，已能代我借好。那知一走去，不但書沒有借，連信也沒有給他們帶給我。可是在我理想中，或許有什麼要說到我看不起處，然而我自問無什麼短處被抓到，為何來不照吁我呢？連人也不來見一

面，真是猜度不出，究竟是什麼心地來加到我身上的。

9 月 16 日　土

確實我們的看光能夠存儲了，要看透一人是不差的。我老早就看出她是天真中帶狡猾，亦許有她的本色。今天雖是自願的拿出些錢來請人，可是半數還是素心拿出的。我問近日的生活是怎樣地度過，居然吃是常抄的，而錢不拔一文。並且種種的事先推人在先，讓你做完了她就慢慢的踱步上來，並且作出涼快的語調，接促到的已能看透這些人了。今天的吃得好玩，把我吃了成一個飽得不得忍受。

9 月 17 日　日

為著一件讀書問題，竟受到這樣的打擊。生活問題真有不能解決之危，時間的變遷，無從預算。換廚房的關係，送飯又是不實行了，所以生活問題竟把我一切都攔住實施不下。為我自己的面子問題，回不得師範部，包到這裡女生一起吧！又恐怕免費關係發生困難，就是住下去亦不能成功，又有三、四位的附小教師都來後，我又不能自己自在的住下了。這次的痛苦更甚於前吧！現在的受到是伸不出冤的，把我厭世、棄世的觀念隨之而生。一件讀書的小問題不得解決，假使以後社會的大接促，竟不要過去吧？這種微弱的能力，不要說任事，就是目前的小問題無法解決，要想談上什麼大事業嗎？不必生存就消滅算了。初中、初中！這階段就有這樣難過去的事嗎？人生、人生！真有如此的辛辣？雖有幾天

後就是考期，可是時間是不讓你自由分配的。近考的一星期中，遭此更大的打擊，溫課更辦不到了。這次的成績，益可預料一種最差、最低的幼稚成績，或許命運的進不得學校，亦未可知。假使真的如此，就有運命的分配，嚐試一般人所得不到的、最痛快人意的前方工作，或國家最有益救亡工作。全部的怪是他不給我想妥當辦法的使我早住學校，亦是他力弱的吃虧。不能打破較大的事實。回憶前次的籤詩上說我祗有糊塗的做去，不能明白的事得不著順手，必有挫折，並且要靠他、求他萬不能的。正在冤大中，居然上週會之便來了，其實全為怕羞的緣故，高先生的盛情去請了一次的客，連德舅也請在內，高先生真會。到晚餐時，我也說不過去，就我買了點心。可是吝鄙的人，錢拿出來後還是縮進去，確是可笑。沒有一次不是人家拿出，自己買的只夠了自己的份兒，同學間不容易吃到的，我也認清了。

9月18日　月

九一八的八週紀念日臨頭，在普通熱鬧的城市，實在忙碌了。可是銅地的紀念儀式，以我看來不算什麼，街頭遊行、口號都沒有聽到。生活問題今天算解決，今天起到二十四號還得付錢。

9月19日　火

這是新生投考報名日期，虛心的關係，心中極為不安，以為有什麼問題的。其實亦是太對不起負傷同志、一般的出征軍人，我真來冒這樣的名，真能進校，應當

要感激不盡這許多了，更要發奮的這次功效。當我填上
時，手中發抖、心中發跳，這是太冒險了。人太濟，決
定明晨交。

9 月 20 日　水

　　以為有什麼嚴格的，問問那知倒也沒有什麼，總算
最大的希望今天得到了，考試的到來再決定我的命運。
父親的怕兒無錢用，又恐郵局的偷取，就把它五分、五
分的包起來，這種代兒女的熱情，做女兒的還有何偷閒
嗎？更奮起勇氣，繼續我過去的精神，奔騰我的事業。
無過此的辦法，這亦是我人生上更大的鼓勵，最得功效
的催勵志氣的第一功。儲英實是我的領事的姊姊，更是
女界中能夠推她一個領導。任何事是極透明的，都在她
的預料中，這是佩服的。尤其領導我的言話，真把我敬
佩了終身不忘，唯一希望常常有難題時還要去請問，再
能得到圓滿答覆。在不平的波折的環境及出身中，都有
這樣可貴的生活。有價值的生活得以造就你的事業，或
許你將來的事業全由此而成就的。在困苦不平的生活中
找出你的偉業，確是可喜的，勸你不必如此的悲觀消
極。沉深亦青年最忌的一點，還是放大你的偉業，向前
邁進，不必消極。等考試過後，你再應付你惡劣可怖的
環境吧。如果實不能應付過去，那末你可乘機發揮的夙
志，創造你別人所得不到的事業。

9 月 21 日　木

　　太平安詳的空氣，終究在今天的上午十時許被它警

破了。縣政府的警報聲已高喊著快些疏散，可是我又是身體不甚舒服，走出去時，週身像發熱一樣。又是昨晚頭昏吐嘔，一個黃昏沒有看到書，而今天仍是不好過。倘使到考試天也是如此，不是糟了嗎？

9月22日　金

為了昨天的警報，今天就整天的濛頭大雨，倒又像天無三日晴的銅仁開始了。我身體仍是像發熱一樣，週身只是怕冷。高先生借我穿了夾袍子，還是冷的。真不知這次考試如何應付過去好？

9月23日　土

考期迫近到了，身體還是不好，頭痛看不進書。聽一部人講，又是什麼自費生全收，公費生就要靠不住。這倒又是一個大灰心，假如真如此，那末不收我怎樣辦呢？前天的警報一次，居然沅陵、辰谿一帶六十六架的空襲。今天的十時許又來了，把我就成了不得出去，避免此無為犧牲。明天早上七時即開始考試，命運的判決，即在此二日中。

9月24日　日

起身鈴的驚起，就把我突然的。今天早起身，原來仲美也是很早的來了，要同著我去上場考試了。可是我的這個倒霉的腳可把我害死了，為著早些好，放上了一些碳酸，太濃了，可是當時又不知道怎樣的一會事，那知有現在的紅腫，竟成不得動彈，四周起了水泡，一跛

一跛的蹳到師範部。三月來的希望火終不能燃起，此刻
得到了。走進試場，已有大部份的同學來了。同時師範
部的同學，有接近的都來問慰小心的考，他們都是極殷
勤的。預備鈴的聲響，我們都等著監試員的來。這是算
術科，監試員卷子的發下，各同學都默默的作最大的供
獻，發揮出各人最後的能力。這算術試題一點都不難，
甚至比普通的還簡單。到公民科時，試題還是普遍的。
下午最怕的英文，可是亦很容易的。然而太不要好的
我，英文是差的很。一天的過去。

9 月 25 日　月

　　第二天的考試又開始了。動植物、衛生，我是沒
有預備的，所以就馬虎的 Pass 過去就算了。下午的化
學，也是糊塗的過去。回到高中部的口試，很簡單的問
幾句。體格檢查身長 1.48，重 50 公斤，肺、心無病。
今天一天的考試完全是完結了，可是一個倒霉腳是害得
不小了，竟成不得點地，把我苦死了，有淚掉不出來。
亦是自遭的痛苦，不能伸述的，決定出些錢去醫治呢。

9 月 26 日　火

　　天無三日晴的山國銅仁，現在又開始它這常常的雨
季。它是一刻不停的連續掛著雨水，看上去有什麼悶心
事，不能痛快的發出來。雲層是厚厚的、緊緊的相靠著
分不開來。唉，老天！明天的中秋佳節，你就代我們流
者多添一曲的哀傷嗎？我是忍不下聽這種摧傷曲，不要
多加我愁鄉心念。確實苦雨孤燈下，窗外雨打桐葉聲，

分外清晰幽轉，很需要流淚。可是除佈滿一層亮晶的液
體外，要加些代價吧！秋是悲的、惡的、兇的，亦是成
功的。我們把悲、兇、惡都置之例外，不必去計較，牠
把「成功」的長處刻刻不忘，才時今晚反感得到的有力
代價。不但希望自身能夠如此，就是同學以及於社會一
般的同胞，都要把此悲秋化作成功的、有用的。為了
風雨大地的泥濘，就一切事都推萎完了，是失敗者的
表現。

9月27日　水

　　這次的中秋實在是默默的過去了。所得中秋的代價
是一些感痛：戰時教育在戰時的理想中，一定戰時教育
的收穫是極大的，並且戰時活動的榜率。可是事實是全
數的相反，不但去同化民眾及豬侈的紳士，以戰時的應
當節省無為的糜費，可是快樂的還是忘懷一切，抱了極
樂的無顧思的唱唱遊遊，揮了很多的金錢，消閒她們的
苟安心，這是中秋給我痛心的景像。中秋的朗月不情願
見到這種無意思的人間，殘酷的人間、無人道的人間，
所以既不下雨而變晴朗，它仍是藏頭露尾的，不願出
頭，以免多增它的悲憤痛心，更能減消流浪兒思親愁鄉
的。極感同情的是前方浴血將士，後方有家歸不得的流
浪兒。它是不忍再出頭，並不願看那種無腦質的人們還
是醉生夢死的苟安閒生，它是再也不願印進眼帘了。所
以是曇的景色，亦是今年中秋的過渡。自身最重要的檢
點，亦許此一生中不可少鬆的，假使一失手即成泛不成
川。在匯來後自領到起，即有化去了十六月之數。這驚

人的事實可把我急得手足失措，計算起來已沒有多少數
了，像今天的事實，亦要學屈折些就成了。

9月28日　木

　　發榜的時間一刻近一刻，悲喜幸運的交迫推斷不
了。可是校方是多麼的仔細，不能隨便的出榜，以致我
們一隊投考生都在焦灼著，希望我的名號得於錄上。這
是此次投考生每人的心坎中是如此的觀念及居心，可是
亦有該倒霉的。小部份的熱望者得到唯一的勝利，那知
事實是不答應你，這次的烈望已代你一把冷水澆到，你
滿團烈火的渾身突變冰涼了。高三的成績出來了，而仲
美是唯得如願，她已懷著冰涼的體軀，找同學去想善後
計的。

9月29日　金

　　國立學校的特徵，戰時教育的糊塗。這次的錄取
新，據說以自費的全取後，把餘額是公費的。就是自費
生的再成績差到甚至各科是零的，亦有錄取的可能，很
明顯的分隔成無錢的沒有讀書資格，在此戰時教育中是
最痛心的。第一件辦事以金錢衝頭銜，有錢才能夠格讀
書，不是失了國立學校的校體嗎？害了這種無可救藥的
戰時糊塗教育。

　　四月來的夙望，今天全局解決，亦可得到一個暫時
的安心，得此初中的階段完成。背井離鄉、拋棄父母，
投身後方的預志，在院時的受到一切萎屈，完全在求學
的一點上。假使這次不得完志，那末我的心，不知要如

何的粉碎？父母的熱望不知要冷到什麼田地？好了，一般知友們對我唯一的希望總算到達了，可以過得去了。好了，預備我一年的功課外，還要兩年內的同時準備。

9月30日　土

　　因為有幾個喜吃的同學，竟把我們幾個考取生當作敲作樻的進路。今天素心上了圈，又要來把我上圈了。現在物價的高貴，就要我們幾個窮小子作出風光的社會化的學校來，可是現在的學校是戰時學校，那有空閒作這種無為的興賞、無為的耗費。他們的目標太認差了，生性太喜吃，可是無法推萎的，這次是逃不了的，叫我如何的好呢？今天特然的寫信，回憶到母親的立志極堅的，要自立起來，不來依靠任何人，並且要用自己病體的能力，使弟妹的得到成立的效果。可是像母親這樣一個病態不健的身體，一個中年無能的婦人，就抱著不堪思議的宏志，自己擔負起弟妹的成立的職任。不是妄想吧，我要打破母親的妄想，而且使他這次的立志不失望，祇有我的代勞。我要復興家庭、復興社會，這是我這次不回家，遭受流浪之苦的代價。

10 月 1 日　日

紀念週時我們新生也參加了，並且訓話。現在校中的規律也突然嚴峻了，而且沿街的買小食是不准許了，倘使被一位先生的看到就要罰。這種的規定，我是絕對贊成的，一方面可以提高三中的校風，我們做學生的少一部份的浪費。無此規定，就要不知怎樣的社會哩，可是規定是如此的規定，做的還是做。一位考取了師一的已了不得了，就大請客，甚至化了五、六元錢。客人師三的男女同學約有八、九位，許多的批評不可一聽。

女生部全部搬到文培，明天的吃飯也要走到那邊去。

10 月 2 日　月

真想不透進學校有這樣的難事，得到考取在註冊時，又生這許多的風波。規定是交九元制服費，不繳就得不到註冊，又得叫我亂撞了。在總務處的等請求，站了兩小時，因總處主任的開會，又是得不到了。聽說不但直接請求是不得效，而且還需要先生出保證書，到來日再繳，為了找一位保證人，真把我奔死了。醫生要我少走路，腳就容易好了，可是事實上是不成功，而且今天跑路的時候還要比以前增加。到最末總算找到了一位江陰同鄉簡接的拜託，未知能生效否？早知進三中是這樣的麻煩、這樣的複雜，還不如走到重慶請倪、鄧兩先生好的多嗎？根本不要我這樣的亂撞！這裡的先生又是沒有一位孰悉的，就有幾位的同鄉。好像事先的未得到聯絡，現在陌無頭緒的突然請他，這是任何人答應不下

的。唉！人生的苦味已受夠了。是我夢想中得到學校的
錄取，百事全無，那知事實是相反的、是對立的，要我
用最大的力量才能順利的進校。我已不主張流淚了，然
而今天的事實太使我傷心了，需要流淚而有價值，無錢
子弟仍是無翻身。這次抗戰期中能設立這樣的國立學
校，諒是產生平民化教育，到現在又一降而到貴族化的
教育，無錢子弟還是得不到讀機會。然無認識校方先
生、無後盾的，確是難立足的。像不能辦事的兩位叫我
到銅仁後已不管了，也不代介紹一位同鄉先生的認識，
到現在有事相請，就弄成開不出口。這是害在他們不能
有圓通的想法，我已全數的鏡明他的待人太出於自羞。
老實說，這種人要想立刻去立定社會，除非他的待人和
氣能佔勝。然而今世那一機關團體不是自私的，不是利
己的，你這種不是盡嘗人的當嗎？我是幾次感促，這派
人是交不得的。

10月3日　火

這種是國立的中學，簡直太對於無錢的孩子沒有圓
通的辦法，能夠使我們出征者弟子的安心，使我們勞力
的服務國家。吃盡堅苦達到學校的目的，還是在邊線上
動搖著，還考不除得到確實的入學，這是最使人傷心
的。現在三中的規定實在太苛刻了，不能使我們流亡
者、亡命之徒得到稍安，這是我們的命該如此。那裡知
道得到錄取的命運，而又來一次免費的打擊，這是叫我
無錢的痛苦兒怎能消受得過去！這每年的九元而十八
元，倘使制服費繳出後，書籍費無疑的要全繳，試問自

何方來呢？除非迫到我不入學，仍無受讀書的機會，眼看來還是繼續流浪、繼續失學，這是無俏於事的，亦是學校把金錢迫到我眼上，不得已的一層亮晶晶的無奈的金錢世界、賄賂世界。金錢使得鬼推動，是金錢的好處。把我們無錢的躲在壁甬的黑暗中，永不能見日光、永不得翻身。總算為了免費，跑得也夠受了，並且也夠苦了。這是三中給我的、三中所賦與，使一般亡命之徒無安身，萬得不到學校的寬待。我應當要掙扎出這次不平等的環境，以求我進身之途、以伸我夙志之足。倘使這次的得不到，那末我的夢想，或許也要從此無生望。這是厄運當臨，無法避免的、無法打退的。

10 月 4 日　水

最好憐的兩年來的流亡生活，以今天一天的奔波，得到了我的安全、我的生活的好支配。為了暫暖繳費，竟把我走死了，好容易找到了請說情的先生。今天的趕到總務處，壁上的佈告我的名字也列在內，真把我樂了不可言喻。到會計室領到了通知條子，教導處領到入學證，又趕到文壇辦註冊手續，可是非填完證明人的保證書，又要找人了，所以又趕到高中部衛生組看張先生的在否？那知看到的零，再向他的府第找吧！又是一個沒在，與張老太太的言談一會。又找到衛生組，好容易又在了，張先生很滿意的做了我一個的保證人。我是又向文壇走，把志願書、保證書交完了，給我的一張鋪位的號數。我是沒知道可以一起平的搬進，以為必定辦妥手續才能搬進，所以又走了一次的冤枉路。到師範部搬行

李，素心是幫助我抬到文壇，再回到車公館拿我的零星
物件。剛走到文壇，又是點名，我是拿了一口小箱子，
也去點名。我的心還未定，飯就到我嘴邊。才吃完，又
要去搬東西了。等到搬好已天黑黑了、看不見了。而且
自己的東西還拿不動，還要外來的東西，代他拿了一大
藏書，所以將近半途差些掉出來。這就是我太好說話，
不在乎此，朋友間是應當幫忙的。兩年來的放縱生活，
今天又入囚犯式的機械生活了，又是一個安全世界，使
我生活暫時的稱到安靜。我們的校舍是在山頂上的，
所以自今日起的生活是爬山生活了，因為每走一步都
是高低不平的石級，因此是山野生活了。這是進校的
第一天。

10月5日　木

　　今天是開學正式上課的一天，就要上早操。女子部
主任開學訓話，他講女子部怎樣才成立、成立的優處，
希望女子部興興日上的，比任何一部的成績好。介紹各
級級導師及組導師，訓育主任是一位很有能力的女先
生，她的確可以作我們女界的領導者，是一位非常性爽
的婦女，無女態，做事比一位能夠任事的男子還要性
爽。同學的在集合時的談說有聲，這位剛毅的先生一開
口，人一走來，各同學也就無聲了，這是功效極大的。
吳先生是要我們生活要紀律化、藝術化、生產化，讀書
是學問中的狹義而言，就是學問並不是書本上的就好
了，仍要在日常生的訓育，日常生活的優良，就要脫去
中國人的習慣，隨便、馬虎。上課了，兩年來的教室生

活今天恢復了，一課課的上下去，我倒覺得這幾位老師
都講解得很清楚。那知第一天的上課就有警報了。上算
學科時，我們是要避出去了，可是我的新硯子就在今天
打破了。空襲時不覺什麼，又回到教室。那知不多時又
打緊急了，我們再逃。剛出門不多路，飛機聲已有了，
還沒有躲好，已在頭頂。因為心太怕了，這明明是路過
的、無關係的，可是我的心仍是怕得不得了，連心要逃
出口來了。好容易的十八架重轟炸機過去了，沒知識的
老百姓，飛機剛略過，他們就出來了，更把我們怕死
了。現在的人心是難和好的，老實說我已極馬虎的一
個，也為著有事有人、無事無人時。他現在已有很多同
學認識了，不用我們沒有用的小鬼，所以他是不甚與我
接近。可是我是仍如此的態度對人，無什麼當時要好，
現在不來接近了。

10 月 6 日　金

上課了，最苦是我的眼睛太吃苦了，抄一課英文，
把我的頭腦頭都看昏，還不能全數抄完。終於看不出，
科本又如此的高貴，照原價加一倍，真把我們無錢兒赫
得不能買。抄本要十本，必定要付出的無本六分錢。這
種生活下去，不知要如何的才能過得去。制服費暫時的
緩繳，不知以後的如何，還看我的幸氣得到免繳。買這
次的一大批書籍及抄本，已有可觀的價錢。

10 月 7 日　土

我們的學問不定在書本上的，就是我們所學的學

問，就是今天的吳先生上公民時的對我們一翻女界的訓話。的確吳先生的字字刺人心、句句要記牢，這才是我們女界保持平等的地位。一般男子的稱我們好的，在機關上的辦公的亦不少，可是他們稱好是花瓶這種的話。一半是男子的太不以女子在眼中，一半全是女子太不以自愛，尤其知識的比他們差些，所以有這種的。最重要的要希望我們充實知識，才是國家的好材料。我們現在能坐在教室中的一搬女同學，要擔負全中華民族的萬人以上的女子的教育，真是我們的責任不小。

10月8日　日　湘北大勝利

現在的學生還不能為戰時的學生連排隊伍，一次總要費去很多的時間及精神，才能圓滿的結果開紀念週。這是我入三中來第一次的加入上紀念週，今天校長極喜歡的報告一件極光榮，而我們應當熱心慶祝的。就是敵軍已離長沙四十里路的光景，我軍突然得一奇勝，打出幾百里路之外，敵死傷二萬餘，亦是我們除台兒莊的勝利外，是我國第一的奇勝。校長又報告凡前後聞名的文學家及名人，都有他們特殊的努力，尤其是扎記的力量幫助他們聞名的功效最大。所以我們要求學問並不是聽老師講解，就聽了就算了，可是不久就要忘掉的。我們用了扎記，就幫助我們的不遺忘，這是求學中的最重要的方法。要有禮貌、絕對服從、生活要紀律化、要有戰時的教育、生產的教育、注重健康，這是給我們同學應該的責守。

10 月 9 日　月

　　這樣一次次的警報，算學科根本沒有上到課。已竟有四、五天的課上過了，我是沒有書，什麼功課都無從預備起，我是急極了。功課是沒有徹底去溫習，這種的下去，我是落伍的、失望的，使希望我的、鼓勵我的都要使他們全付東流。我為此不能安心、不能過下，恐怕我這次是極危險的，非但沒有較好的結果，而且竟有落伍的可能。現在已不能與老同學相比，已快落下的樣子，再要當心而用心，還有一線希望。假使仍是如此的沒有書，不能往下追上，真要落伍。這是我最急的，最需要趕上去的，不能再延遲、再等待。現在沒書的要買是困難的事，每本書超出一元以上，甚至兩元一本的，是我更苦悶、更困難的。老同學在預備以下的功課，我還是徬徨在人後。現在國難期的戰時教育實在難應付，我是必定要定出一個最確當的辦來應付這不平的環境。

10 月 10 日　火

　　雙十節的慶祝典禮，為避免空襲計，所以我們起身時間提早在五時。我們起身時真是晨星瞭空、弓月斜照，把我們黑暗摸束著的人們才得一線微光照亮著。洗臉時漸亮，到吃稀飯時更亮了，在升國旗時，晨星還沒有稍減它的微光。在我們整隊時，已大地上放出光明，人們完全為今天的雙十節，都已到大地上準備著慶祝。在整隊時，吳先生把不參加的、能行走的都一一安排好工作，真是有條有理，真要把我欽備的五體投地，確是我們女界的領袖。我們魚貫而入禮部集合，當時我們女

同學在先，再到北校場集合，全體開慶祝大會。各小
學、軍隊、民眾到場者，三中佔多數，真是歡熱一場。
開會開始，因避免空襲，僅一人演說，那知那位演員沒
有認清現勢，就用表面詞動搖一般淺知識的人民，或許
想激發人民。可是裡面隔了我們三中的同學，這種淺說
不但是笑他，並且要起他的疑心。這人演說了後就出發
遊行慶祝，沿大街一面呼口號，一面唱救亡歌。把寂靜
的銅仁街，因空襲避免，上午是無市況，所以就增加了
我們一隊遊行隊，街上是熱烈的發出慶祝的歡呼。穿過
大街，想抄回去了，那知剛到縣政府的屋後，警報就打
起來了，並且接著的是緊急。當時人民、軍人、壯丁、
學生真是擁擠得水洩不通，我與一個同學衝上前的，硬
擠上浮橋，這是的危險。真處於一剎那的時間中，有十
分鐘的左右才過浮橋，因太擠了，不能很快的直過去。
所以幸喜的敵機是沒有來，我們等了約一時多，就要回
校吃中飯。我們兩個特別膽大的，在寂靜的大街上消逝
過去，到校後心才安心。吃過飯就要到師範部看一次素
心，那知沒有解除是不能回來的。好容易等到解除後，
沒有四十分鐘又來一次的警報，並且還是緊急。我們是
不停留的從江宗門出去過浮橋，過河是大吃橘子，太渴
了。又得解除，回到師範部，駱瑾找我們找到不亦樂
乎。他告訴我們飛機已有了聲，才打警報的。可想今天
的危險不可測量，可是像今天的雙十節，敵機是一定要
出來大施牠的暴行的。知道我國愛國民眾在這盛大的慶
祝，都是熱烈參加的，所以牠是暴行的發揮。就在今天
分派出二百多架來破壞我們無軍事守防的後方，把我們

一個盛大的慶祝在半途打擊了。可是我們已受到再無忍
受的地步了，到晚上仍繼續我們偉大的國慶，晚上遊藝
真是歡樂一時。

10 月 11 日　水

　　暴日的野心不斷的在我們後方散放著它的獸行。昨
天奔跑了一天，而我們的慶祝仍得圓滿的慶祝。所以今
天又是警報了，把我們開學來的幾何，上到今天第二天
的，還是上著半課。有很多的來說轟炸地點。

　　今天還是來著警報，因聽到吳先生的要我們出城
去。我是真的出城了，城外卻是我們躲避的好地點，樹
木雖有而不甚密集，所以我又遇到高先生，就與小朋友
等。一直到解除回去，已吃過中飯一、二小時，把兩碗
冷飯飽就了。這更是暴日給我們這樣的受痛苦。

10 月 12 日　木

　　在這三、四天來的後方大轟炸，原來我軍大勝利
外，更把他消滅了很多的軍隊、收復了很多城市。所以
牠要補充牠這次的損失，就要到後方來不顧一切的，任
意燬壞我們無軍事要防的後方。這次前方的得此大勝，
而後方的損失也不勝記數。

10 月 13 日　金

　　在理想的生活是能夠得到學校的生活，就是我理想
的生活。可是我理想是要有計劃的讀書，那知一切都是
打破、一切都是不能實現理想的。這種的生活是苦悶

的、消沈的，不能曾強，所以學業也要隨著損失。我
是沒有生氣、沒有精神，尤其現在是散慢的，生活不
能聚一。

10月14日　土

　　暴日還是不斷的來轟炸後方，今天已算到下午的時
光，可是仍有幾架的來襲我們後方。據時事研究的老師
講解這次暴日的這種行為，完全是前方受到極大的挫
折。像湘北的大勝利及各線據點都有捷報，湖北快逼
近，更有收復大武漢的可能，南昌方面亦相離不遠了。
前途是絕對樂觀的，我們已由守勢漸轉入攻勢，這種可
喜可賀的傳佈，給我們一群亡命之徒得到一線安心的希
望。現在只有抱握著現實的努力、現實的奮發，這才是
我們有前途的生還，日後立身的插足。

10月15日　日

　　今天的警報聲終算清靜了，過去字典倒寄來了。
唉！親戚等對我如此的希望，我能夠這次的讀書暫時的
得到方便，就不惜金錢竟寄給我了。為了不消磨，今天
整個的一天沒有出外面。素心來了，這次紀念週校長是
極氣忿的大訓話不守規律的同學，甚至大發皮氣。

10月16日　月

　　時間是匆促的過去，真不知要如何的去預備功課。
自問是不能如此的敷衍過去，時光不能來等我再慢慢的
追上。這次的一學期中真是危險之極，第一是算學及

英，是太不能糊塗下去了。

10 月 17 日　火

這個國文的流星課，的確要象徵著這課的我必定要墜入深洞毒水中去。可是我能夠加緊的以這課流星的警惕，才能我的生路，才有我的路走，我是把牠深深的刻記在腦中。這裡的同學大都是要不得的，就是老生中的占多數。

10 月 18 日　水

現在的人真不能去相近，而且太使人感到辣手了。因為有一層的親戚的關係在中，所以我也不客氣的要書報看。這是不費什麼的吧，而且先聲明在前，以後當酬謝還。那知現在得步進步的顯出他的要好及能夠相顧到我，還加上很多的一種藉口的痛苦及沉悶來說到我的眼中來，而且寫的格外整清。這次真是向我要照，這真是笨的辦法，以為把親戚的關係來要一張照。老實說我已不是十八世紀的人，一點世事都不懂，而且這種危險的事我已是一目了然，並且已透過二十一世紀的頭腦。這事也能預測一二，現在用按這法去，暫時還能得一些顧及和便利。總算有親戚在內，不要通之，太膽小反而被人家看出破錠。

10 月 19 日　木

早起。

我是急著英文，英文太使我辣手了。我要去讀，他

書抄的錯，又要使我化在一次對照的時間。這次的英文的確要感困難的，老同學是連續的下去，並且常在溫習他們的舊功課。我是完全生疏了，又是半途中去的，沒系統的來學習，有的還在快跑步的趕上。所以又要準備，而要追趕，更要應付目前的，這不是太過於難上前嗎？然而還是要不能停留的續步而上，不可有間斷的心。假如有了一次的停頓，就要有二次、三次的事發生，必定要如此的幹實地的按步的幹。

10 月 20 日　金

氣候有轉變的現像，流浪者的身上把兩手抱緊外，無轉變的現象。冬日的近前，流浪者的冬衣還在遠處，冬日殘酷的闖入，流浪者無法抵禦。唉！冬、唉！冬，你真是如此的忍心把流浪者侵犯嗎？你能夠少進一步，亦是我們流浪者能留得一息殘氣，你能少侵一度，流浪者必能有餘量來攻擊你這殘酷的冬呀！

10 月 21 日　土

重陽是流亡者的登高思鄉的一天。可是我除了書面的思鄉表示外，我是只有付之長嘆！兄弟妹等一定在等著我一個獨孤漂流的浮萍，能在一起逢重陽。我是思鄉的，逢此佳節倍思鄉。雙親的在思流落在山國的孩子，不能預測何日是回鄉拜望雙親日，這是流淚的、幽思的。

10 月 22 日　日

要利用整日的，所以整個的一日是要好好的利用他。要整個的得到這個健全的功效，所以今天是沒有出門。

10 月 23 日　月

銅仁的跌水泥我也能嘗過了。早上開紀念週，地上太滑人了，走出門就是一個迎滑交。我是真差極了，以後還是要更小心的走了。社會上是極混濁的，有種種的穢汙的人地謠生種種的什麼言，可是純潔的學校亦有這種問題的人。昨晚就有一位十八世紀的思想的先生，竟有一封罵我們的束服女性的字句，好像是太過於壓束女性。老實說這種要復到十八世紀的女性，像笑不顯齒，這不是提發婦女教育，間直是壓束婦女教育，不是抗戰教育，而是吹殘抗戰教育。因此這種名稱三中國立的教員，就真有不能為名的教員，並且不能稱到同類的人。所以我們的老師、同學，都氣得不得了。

10 月 24 日　火

都要佔利的，有誰是呆子？今天的排位子，把我們的近視眼的優待生坐在前面，所以他們是大調動了。的確是不快樂我們幾個，這是各人都有的自利心。可太侵犯到人了，每句來侵入人的，而且破壞到旁人身上的。這是大家無待人的習慣，所以說出的話就要使人難堪的。可是我倒能完全的隱忍下來，一言不動，像他們不深入的，就要發氣了。

10月25日　水

　　我的生活還是不能清醒過來，還是不振作到以前的精神。這次的來是清醒而來的，不是驅使而來，為求進身而來的、認清而來的，所以不能有這種的委避心。可是每早還是免強的起身，不能自己管轄，這是太不成了。國術是今天的開始了，的確這位拳教師拳是熟極了，要想學精實，有好好的放精神上去，才能好果。可是有許多的同學是好玩兒而來的，不為所學而學，藉學而玩。我是同他們悲痛，而可惜、而討厭的。

10月26日　木

　　近來的身體不知怎麼的，竟滿口是破皮了。這次英文的成績太差了，這第一課就給我這次的打擊，這是太使朋友們所鼓勵的都是違反的。我現在決定比如今日生，把這第二課是好好的當心作去，不要糊混的。這個學期為求學而求學，為讀書而讀書，不要受過，一年來的恥辱，全數擲外是不可能的。「刻苦忍勞」是父親常為這句話告我的，假如不走刻苦忍勞的途上，恐怕要陷入深杳不測之深洞。

10月27日　金

　　得到學校的生活都要來為我道幾句賀，然而我自己又是一個太不能稱要好的無出息的人，這是多麼的使人失望、使人能掃興。考試恐怕又要開始的日子，而不能有考試的樣子。

10 月 28 日　土

　　國術是能夠在今天的晚上開始教我們了，這是很簡單的幾圈，亦容易學成的幾手。謝半農先生的信確在今天寄來了，而且他們已能得到有價值的訓練。假如我也不走的話，一定也能得此有價值的練習，真是他們的萬幸！可是我終是一輩子的落伍者，終是不能生還的。

10 月 29 日　日

　　唉！人生的創痛不斷的推殘在汪洋中的萍。萍，你有這樣的不利人世嗎？已能稱得安定的生活，就有安定生活的中來找尋到萍的身上的，不幸厄運是如此的殘害在萍身。究為國家的服務而延遲到兩年的學業，而現在受到國家的救濟的一遭就加上萍的漂浮。萍，你能飄到何時才是萍的生活？今天的遭遇更是例外的一點，真是要應合儲英忠告我的一言：「夢般的過去，那不堪設想的將來，常會使起我泛一層亮晶晶的淚光。」早已久不下淚的萍，從今起即生浴在此淚水中的萍了。萍是想做象一個人，那知竟不遂所願，連面目也不能見人了。埋頭苦幹話是這樣的說來，可是人們給你一個不能信任。「人無信不立」，而我立到那裡去呢？今天的過程是如此：我已無錢了，餘資是完了，所以先生的來問我是回答事實。那知剛從昨晚師範部拿回二十餘元，今天早上為了一位不慎的同學，把錢及金戒放在自修室遺失了，所以先生們來檢查了，把身上所有的物件完全拿出來。可憐我成了一個無錢而變有錢，悔騙先生，更用不誠實的大名加到萍身上。試想這怎能立身於外呢？不但失我

夙志，而且失了我的奇望。只是使我太殘傷了，萍太不能完全了。

10月30日　月

　　事物的摧殘，萍身已不堪忍受。尤其今天金先生的借賣物理書，就把不誠實的萍一頓大訓話。當時腦筋成了麻木抬不起頭來，這是我得承認的我是不誠實的，可是各樣各件的不幸事實來合攏來的，不然不得有這次的敗壞在先生面前。正巧星期六的向師範部走，德舅把匯來的錢給了我，而我又糊亂的放進袋去，又不去檢妥他。昨天的先生查當然正巧揶著，可是一個百寶的小袋是我太沉於小孩氣一樣特異的物品，及稀少不可復得的，我是很喜歡天天玩著，那知禍事也在此寶上生。更有一句加上萍身是：「對於書是不著重，對於小玩意物件是有」，可憐這小玩意物件已來了幾千里路程的，有千多里的亦有書籍，在動盪的生活中帶書籍太費力了。書本那一個不喜歡，除太無辦法的地步，就不可能置備書籍。人皆有此種心，實在生活的不得我此志，所以又為先生們一個缺點。因此我的心神更不能安寧了，繚亂著。吃飯時更使我下不得咽，一碗飯的放在掌上，思想他這碗飯到我這口裡的，是受了多少的磨折與風波。不會進學校，也不要一人的飄流在天涯。一年來為國家而服務之名，竟受了一年來的痛苦，祗有同難幾位同院的同鄉能夠同情的。到銅仁來後，為了生活問題，也受盡三中的辣手，一直到今天的飯到手，更有莫大的創痛。飯是一口口的下去，而眼水滴滴的掉下。怕被人的看

破,同是與飯。可是鼻孔是受不住的,終於被同學問我
了為何下淚,可是強做著沒有這事就完了。日子是難過
下去的,從後起不易見我的歡笑。除事實的證明把先生
信任了,這才我的除難的、生活自由的。所以今天的
考試,幾何就為此大受損害,連一個簡單的代數也做
昏了。幸而還有見亮的一日,又被我考覺了,也能補
助些。

10 月 31 日　火

　　生活沉浸在苦海途中,已成了各方的大罪,有一動
作就是一罪。今天我忽有掛號信,把我急得沒辦法。
唉!醜媳婦早晚見翁姑。忍大了膽子走進錢先生房中,
幸喜是寄來的書,才落下了這夥罪事之心。先生是對我
極不和善的,對我打個收,這是如何的威武。這是真是
暗泣,不管出聲,唉!事實來證實我的罪吧!潤生是太
把結了,他們的對我如此的擔心,反而加重我的罪,希
望不要再對我的方便吧。

11月1日　水

　　值日監廚是要犧牲一天的課。早上去拿鑰匙時，吳先生的氣度大，對我還是極和善的，倒一些也不增加我的罪，而對我另外的語調。可是氣度小者的張先生，他是對我不和善外，而且不和我講話。我不管，用真實的精神，不因此而受挫。我仍鼓著罪重的勇氣去問事物，到後來真為感動了，也和善下來，並且直鼓動的一二語。

11月2日　木

　　我已成極消極的信念了，各事以眼前面了，或許受到的打擊大重了吧。因為事情是太使我悲痛，振作不起來，只有想消極埃過一年再算了。把所有計劃的錢完全於今年一光就了，省了多周折多麻煩。

11月3日　金

　　家中的航空信來，可把我又是一大驚，幸而這信不像拆過。可是家中那知外面的痛苦，他們還是不斷的代我設法安全。那知你們的對這無出頭的萍這樣的多勞心，這是要萍多加罪的。唉！你們都來希望萍的來日成就，可是死不出頭的萍又是如此的無用，作出這種使先生的不好印象。當然母親四歲時的拋棄萍在人間，這已是嚐夠人生之辛辣。到一年流浪、一年服務，在萬惡不平的環境中，好容易的掙扎到此學校之途，萍是不有讀書環境和榜樣。哥哥僅初中一年級，堂姊姊等僅初中畢業，爭得一小學教師之職。而萍能夠踏上學識低淺的家

庭，而能拯高家庭教育，這是萍兩年來得到的教訓、應
當的任務。然而先生已認我一個不誠實的學生，而是將
來少信用，而無任何的大發展。既是如此的無用，而你
們又何苦對我如此的勞心。這怎不令人痛哭流涕呢！？
吃了半碗的稀飯，可把我的胃絞得痛死了。我已很早說
過從今後起無我歡笑之日，惟此事消沉完，我的免費仍
是達到，這才恢復我的自己日。現在是淚光的日子，每
次的有信來是我的罪狀。苦海流萍，何日才得甘美的溫
泉滋養你的生長？

11月4日　土

　　同學的勸還是勸，叫我怎能放得掉這次的莫大打
擊。免強給同學一些當面的歡容，事完後那不是仍我的
淚光的時間。每夜我是消沉在恍惚中，像睡未睡的一
樣。漫漫長夜在恍惚飄浮中過去了，更有一種緊張的警
告在時刻的打擊著，不能安睡。今天稍覺少刺激，所以
飯量增加了不少，否則肚子的飽著不想下咽。

11月5日　日

　　為了開除一位同學，是高三生，傳說竟在昨晚大鬧
車公館（校本部）。據說同學不贊成開除這同學，並且
兩放面都向教廳電請下令。今天高三幾班全體罷課，校
方有開除、停辦高三班。小不忍則亂大謀，這是做學生
的最要犯此的。所謂亂風潮是學生的好兒戲，可是受罪
亦是學生在受罪，亦假使真的如此，這亦是活該的！

11 月 6 日　月

　　紀念週，校長是極沉痛的忠告我們同學，要達到有
紀律的學校。可是日高三的這次的妄動，竟被銅仁的居
民都來批評我們校中是無紀律的。用一個潔白無瑕的白
布，現在就染上此一點烏墨，不是太可惜了嗎？現在
要徹底的把這一點汙漬想方法洗淨，這才我們同學的有
救，並學校的前途有地位。即著就是縣長演說，他倒極
熱心的對我們流亡學生同情的，有很大的希望於三中，
希望這小事化為無事，不要以救人自溺。尤其行政的涉
及更是不能的，就是同學這樣一來，那末現在的行政，
無論何人及何事都能管涉了，這是不可能的。紀念週就
此完了，下午又走向師範部，那知到將回家時，警報聲
發了，把我停在那裡了，一直等去。今天的買去四元錢
的東西，連買書今天竟用去了十元左右。這種的生活，
真把我乾涸在外鄉，這是運幸如此而已。

11 月 7 日　火

　　生活雖已改變方針，可是內心中還是不能完，心下
的生活是如此的迫著兇，可真要到無分銀的地步。這是
怎樣的過去，這是要想一個補救的方法，有否找些補救
生活上的辦法？我的學力又如此的無用，真是無從想法
起。我一定要在這更不平的環境中奮鬥，更掙扎。

11 月 8 日　水

　　身體上的痛苦不以形容，真是說不出的難受。每晚
終要癢到半晚才好，真把我苦死了。唉！人生是如此平

淡、無生氣的流過，我是更痛苦的！

11月9日　木

準備的義賣實是熱心極了，可是氣量太小了，要這位捐出錢來是沒有答，真把我們氣死了。像熱心的人是兩樣了，非但要怎樣的請求，他就慷慨的捐出了。所以把一個氣量大的與小的真不能相比，尤其這兩人是同樣的境地，反而這位大氣度的是有家庭的負擔，而且薪金少些。這是不可磨滅的精神，要氣度的偉大，可使欽服。

11月10日　金

既然已是脫離家庭的飄流孩子，不用怎樣的依戀家了。可是家是太使我丟心不下，她是太使我依戀，太愛我太過了。一件件的代我修飾，真使我不得不依戀。已有很久沒有信回去了，家是更想我了，所以從不寄航空的，今天突然寄了。唉！家是如何的來希望我成就，我是沒有出悉，不是太使失望？我要自奮自強，找出正大光明的道路。儲英又告訴我的「再回顧到我們生命的在世間，真是渺小細微」，蘇先生的比喻以「寄蜉蝣於天地，渺滄海之粟」來形容人生，這是正確無比的。所以假如人生再不在此天地間掙扎，不知再化到更微細、更渺小了，我們更要奮鬥，更加進人生的微渺。

11月11日　土

義賣物品極有力的趕造著，並且更加上一個製肉鬆

賣，這是更有趣味的事，在我也在此學到一些製肉鬆的
辦法。一直做到晚上十一時才完成，那知這裡教師等了
我們睡後，再放下心，真有點嚴的。

11 月 12 日　日

空氣特別緊張，原來明天就是我們義賣的日子的。
大家都是歡樂熱忱的準備著供獻國家，更有競賽的心，
更是熱烈。每人臉色顯現著急心的、熱誠的，所以是想
盡各人的思想加添上去，真辦得藝術而僕實，把樹葉點
綴別出風味，亦是我進國級的特出處。

12 日總理誕辰日，真是我們追念倣效總理思想的
歸納日。有一位師範部的老師演講完全以思想著手，怎
樣運用思想，要正確的態度運用思想，以學問作真正思
想的進行。

11 月 13 日　月

或許腦筋已有些麻木吧！這是最不因該如此的糊
塗，無論什麼都是無反感、無反動。從前記得是一個極
其喜發問的，而現在不動一動，連問題都沒見想出了。

11 月 14 日　火

缺陷的笑聲在每人的反感中呼出。像我秀文姊完全
走上消極之途，發生的反感是沉痛的，潤生為生活的被
打擊、被剝削，所以發出這許多為缺陷而掙扎，看上去
又想掉換環境說，所以我就去信發些議論。

11月15日　水

倒底家庭是不能久離的，家裡每次來信終是航空，我是沒有辦法，並且約有三星期的樣子沒有信回去，只得多化些郵票吧！寄了一次的航空，這是從沒有做過此急得很的事，真開洋暈。

11月16日　木

身上的痛，真是看了要害怕了。每次的要等待校醫的來到，可是終是捱不到，每在半夜是癢醒了。

11月17日　金

功課倒也不甚緊張，可是已是畢業班，還在學代數的開立方，明年的畢業不知怎樣的越過呢？並且外國地理毫無起色，外國歷史僅講一些有名的國家。除文化上一些些的講解外，其他是聞不到了，這是最發極的。

11月18日　土

級組談話簡直是吵鬧的，結果一無著落。上公民課時，吳先生終是極急的希望著我們的成就，並且以以後回鄉作縣長得作鼓勵。最重要的每一團體，全要有健全的組織，地方自治全是靠這點。

11月19日　日

中央黨部的總幹事，特派貴州視察全省的黨政事宜。這位總幹事有高大的體格，喉嚨宏大沉著，題目是怎樣是現代青年。先以我敵之戰略證實，我之戰略始終

如一的消耗戰，可是敵是開始恐赫戰、速戰速決。武漢
大圍戰速和速決，今採用以戰養戰，足以證實敵人已主
反其體客，無法支持了。我們委員長說民眾士兵化，後
方前方化，做後方的同學應當要負起後方責，在學校中
是受指導之習慣。到了社會不免有——種動搖加到身
上，那時必須要你的立志如何，像汪逆的惜日革命的意
志不小，可是因他缺了堅定意志，今做到如此地步的東
西。我們要有永遠的革命意志，所以送給我們同學四
字：「擇善固志」，這是確而無異的。

11 月 20 日　月

　　第一次的物理考試，這才明瞭這裡考試是實在淺易
了。可是易而有誤，所以不免有很多的大意。凡事我是
要努力些，老實說不得落下的。潤生又告訴我「寬大是
可恥的」，的確這是弱者的表現，弱者的無能中的冤呼
聲，現在回頭是岸還在。目前我是不能再落後，迎頭趕
上，奮起自強。

11 月 21 日　火

　　謝看護長代我批評在院的平日，今日得到了「你
平日的人格和坦白的胸襟，都是我們深知的。你平日
的做事、做人都能深切瞭解，『人可窮，志不可窮。
頭可斷，志不可辱。』你平日的懷抱如此——節儉、
自持、不同庸俗、不為外界所誘惑而致墮落。」這是
過獎之言。總至謝先生這種老少年學無窮的精神也要
模仿的，不但受過醫學訓練，還在受政治訓練，實是

不可多得的。

11月22日　水

　　回想到那天物理時的講話，真要好好的接受此次的教訓。可是以我的生活上講，只好得過且過，不以生活的寬裕為主。考的代數真是不足以此為考試，表示我們的成績實在太易了，太失望了。

11月23日　木

　　寬大的老師，使我們流浪兒得一暫時的安慰。看了街上紅黃色的橘子上市了，這一般可憐蟲無法去享受。這位老師是一得二便，使浪流兒也得一廣眼界，看同難者的馬戲。他們是可憐的用自己一些善長之藝向社會賣藝，我們去已最末一次了，是一個女小孩在空中演舞，她是有空中之藝。約有一丈多高的桅桿上繫繩把她拉上去，她演出奇妙驚人的演藝，並且用頭的後頸懸在一個繩上，這一來更顯出她的神奇。完後下來是苦喪著臉，唉！生活的厭迫不以生命為奇，輕易的演此賣生命的危臉。唉！她是為生活鐵蹄下的舞女，為此人生做出三嘆不平之冤。走近橘園，金黃的累累叢生，相錯雜於綠色葉層中，出■了首次的開廣眼界的、不奇而然的狂呼，多茂盛的國果！李老師買了六元多錢，高二、初三的同學每人五個，大嚐其豐美之味。回到碼頭，汽車嗚嗚而來。這是今天出遊的有價值處，銅仁難行，車輛竟在今天開來了。一口氣的回校，已在降旗。楊主任訓話：填寫申請書的，在今天最末的一天的填寫，不要高聲出笑

談話，上課時不能開口，除問題外，初三的用功準備會考，上自修等不能寫信、看小說。這簡直是完全用十八世紀的意思，來壓束現代前進女子，真是奇之猶奇。上運動課也不能活潑潑的運動，自己必定做一個死板板病態者嗎？真是可笑、可笑。

11 月 24 日　金

校長太忠誠了，今天真有告同學書的發下，真是涕感並下。忠誠的勸導，加上苦苦之言、摯誠的忠告，確是校長忠心熱誠的勸導。做學生的不負校長忠心、不負國恩，我們要努力。

11 月 25 日　土

或許是我們出名的階油朋友，今天陸先生又請我們全班同學上雲難灘吃橘子。這裡同胞是相當奸詐，把收下的橘子藏在地中，用稻草埋好，所做的洞比防空壕還好。起先他們是不肯賣，因為藏明年賣高價。我們很和氣的百般解說，就答應下了。走到他們的貯藏室，防臭相當的嚴密，一個個洞裡寶藏，實是表現他們的伶俐善術。這是儼然一世外桃源，碧綠的水微波的洗著近處水灘，不平之鳴的流水聲，潺潺有聲。山澗的楓樹，錯雜在常綠樹叢，山茶花的潔白，邊散在原野田壠中，青綠的蔬菜生長的可愛處。此幽境竟望本身之地位、本身之處境，吃得飽藏而歸，老大的西風北也不避了！

11月26日　日

上紀念週，校長是一股可憐的樣子，簡言了幾句，就在一位老師講演團結的靈魂，要發揮之靈魂，必需要精誠團結。完後向附小高先生處玩，吃午餐後向師範部大吃大咀，把肚子脹大了。回到半途，警報聲響了，街上秩序簡直是亂如烏合，驚恐萬狀，這是少受知識的同胞。

11月27日　月

現在又沉在沒進取的心念，這是最懷的、最失敗的。從前是極喜發問，求一個確實、求一個徹底，而今已大減大不然。這種求學一定是失敗的、落伍的，要為自身脫此萬狀的劣境的，我必得奮起進取。

11月28日　火

秋，這秋色是颯颯而來，楓葉、梧桐都點綴著秋的悲景。追憶前年此時的秋，是悲痛流涕泣之秋，正是負荷泥濘的逃亡經途上。回憶去年的秋，是我們的大長沙——他是治療我們，創痛之心全由他撫慰的，竟在此秋期被一把大火付之一炬。我們又開始流亡奔波向湘西的山西安化而行。這是醫院同志的一列，都是一群可憐態的奔向山國，作暫安的寄生。今年之秋是寄身黔東的山國，為爭取自身的發展，所以這秋是是生長之秋、是爭取發展之秋。

11 月 29 日　水

實是難得,怎樣竟還有掛號信來,倒把我奇之尤奇。也或許久沒見去信,以探我究竟,實是同鄉的太關心我。也去取信,居然並且帶有匯洋廿元。唉!他們的太憂我,則我是害之。我想這一些些,校方不為我真有接濟吧!

11 月 30 日　木

雪上加霜,這一群流亡之兒微細小產。真在今早發現我們失竊於女子部文壇,發生於每個自修室,把我一個書包袋、手套、圍巾都代我拿去了。在微小的產業中,就輕易的失去了不可少的物件,然而不幸中之幸運兒,有許多東西從前放在內,正巧沒有放,就免了失去。這是發生於銅仁百姓的野心,要錢如命。「善者因之,其次利導之,其次整齊之,最下者與之爭。」國文課「尚僕」文錄。

12 月 1 日　金

國民月會，這是第一次的履行。原來是主席報告過「精神總動員的重要」及「永久性的是將來立業的基本、立業的精神」，倒也極有相當價值。那知太陽太好的緣故，警報聲又作了，所以各本良心，宣誓是很忽促的完結了。

12 月 2 日　土

新級任導任新任了，我們做同學的為了聯絡同學情觀，並且歡迎新老師，就在晚上開了一個同樂會。的確我們的同學都是天真的，今晚的歡笑還現出我們同學的天真團結。

12 月 3 日　日

紀念週校長報告，日機新方式炸彈要炸一地，必在第二次的回頭才炸。並且用新式的空中炸彈，不要落地在空中炸下，如雨飛下，所以現在的殘酷更不能言。現在的經濟實在是困難，可是飯不能飽肚，不得不想另外的充飢。而且秋天的乾，更有潤濕的水菜充濕。

12 月 4 日　月

這種無理蠻稱的人太要不得，因為這樣做，同學的不來聽言了。所以上課不像上課，並且在田野中做別的玩耍，不聽一言。

12月5日　火

現在這位級任老師確實是好的，今天的談話中無可確切的了。尤其是我們一班的，國家對我們是如此優待我們勞動，都的同胞血汗的金錢來撫植我們。在高爽的校舍，實是恩養，所以要努力用功，做事時做事，玩當玩，要運用適宜。

12月6日　水

苦已漸漸開始，白飯下肚也要開始。物價的飛漲更不堪，沒想吃的米竟漲到七十多元一擔。這種高程度的生活，真要我們流浪兒命了！

12月7日　火

現在的同學真是沒有辦法處置。上課嬉笑外，並且每人一個火碗下去搧大火的舉動作做出，老師也沒有辦法。

12月8日　金

本班又是一次的風波。凡一班的舉動，每次是要生些枝節的。今天又有幾位同學生了氣，並且做一個隊長什麼等，都要能言，言要腕轉，這才比較好些。像今天為了一句語，竟使許多同學的要生氣，這是處世言語的注意點。

12月9日　土

迷夢的黑霧中，我是飄搖在一葉小舟中。划船主是

土匪行為，靠岸時無岸無途，都是絕崖。幸不甚高，記得是潤濕的石壁，有蘚苔草。我要上岸離船了，一步步的攀登而上，到最後無辦法再能走了，並且有離石下墮的可能。又一救星，在上的人用力的一拉，到三接才到岸。這亦是一個不良行為者，在岸徘徊時，忽來一個武士，是認識的，是前日辰豀遇到的人，用手鎗置我死命。千鈞一髮際，言語的感動稍停下手。那鎗奪回，改為我之威迫彼，此時無辦法把身上所有手彈都拿出來，此時我是轉危為安。且仍是黑暗無光時，我的心還是在跳動不安時，此時才醒來。唉！從深溪破舟土匪手中逃上懸崖悄壁上，一直得到岸的希望，還有一次的人事對爭。可是還存在黑暗中，這是生存來的寫照，是可悲的、不能痛快的，一發我這晚的夢景。

12 月 10 日　日

事情那樣的做來，實在是難的。在談語中不免有缺點處，所以又有再不多講語，這才能保持、才不破壞。現在再復原從前的態度，這才不致失敗。離放假衹剩四十餘天，各科剛開始，這種學期終了，談得上什麼成績呢？

戰區的黑暗竟至如此，施政的毒辣、走狗的黑心，竟把寶貝的銅元完全收去作他鎗炮之材料，用這種鬼用紙還要好些。這種痛心的消悉給進我的眼簾，真要粉碎我的寸心，恨不能立即趕回家鄉，把這許多施用的走狗們痛飲其血肉。這銅元是我們江蘇方面的寶藏，今一旦絕跡，這不要把我痛哭流涕嗎？這我當要調查一個清

白，久竟是怎樣的人在如此的。假如家鄉真的不得安業，我怎得忍痛耐坐在這安逸的山國中安享其幸福。唉！我不能在此安享。

12 月 11 日　月

實在是太喜歡小玩了，見人家監廚一定也要去陳熱。又把肚吃了飽飽的，所以最近來的腦筋太遲純了。

12 月 12 日　火

嚴先生的教導太合乎人情，理合用一切故事來擊發。

12 月 13 日　水

〔無記載〕

12 月 14 日　木

〔無記載〕

12 月 15 日　金

清潔運動的一天，就在今天的十時開始了。

12 月 16 日　土

各事都用成見的眼光，這太不合時代。

12 月 17 日　日

成見竟如此的成見。這次的不回家鄉，竟為我負上了這一筆大債，叫我如何的忍受得過。不願作順民下的

學生，要受民族教育，想得些公費待遇的，以免負債，才逗留後方的。一年嘗盡了人生的創痛，才得今日的學生之門，那知真如今日的還要自出制服費。在剛開學時，為了這一點的請求，就奔波了三天之多，而今日乃得一零。假如這種的待遇，我也只得放棄，再奔上賣生命之途上，為我生活所搏鬥。所以廉英的見界是不差的，抗戰勝利再踏上學校之門，這樣看來，我也只得如此了。實是難受，在日間是太難堪了，只得晚上淚流枕褥，自吐冤心。

先室杜潤枰女士傳略

王貽蓀

　　先室杜潤枰女士，江蘇省江陰縣人，民國十一年二月二十七日生於祝塘鎮，慟於九十一年一月十九日病逝臺北榮民總醫院，享壽八十歲。杖期夫王貽蓀率子正中、正國，女正明、正華、義女若真暨孝眷等隨侍在側，當即移靈臺北市民權東路市立第一殯儀館，親視含殮，二月四日假該館景行廳下午十二時三十分設奠家祭，一時公祭，二時大殮，隨即發引火葬，靈骨安厝臺北縣金山鄉金寶山金寶塔。

　　先室系出名門，係志春公長女，上有胞兄鑑枰，下繼母所出有弟鑑瑜、鑑立，妹鑑玉、鑑瑚、鑑明、鑑懷，以及謝心宗、陳梅芬二妹。家族繁盛，幸賴志春公刻苦立業，創有「杜合茂」南北雜貨店，以維家計。潤枰九歲喪母，富有自力更生，求學上進之心。自祝塘小學畢業，進入無錫綱南中學肄業。抗戰軍興，舉家一度遷至湖南長沙，旋返原籍，獨留潤枰在大後方，繼續求學。初抵長沙時，遇軍政部九十五後方醫院院長錢惠餘老先生相助，補為看護兵，後升中士看護，並允准假入貴州銅仁考取國立第三中學初二復學。初中畢業後，直升高中部，以成績優異，通過會考，分發國立貴陽醫學院肄業。吃盡千辛萬苦，受盡流浪之痛，非可言宣。幸得徐雨蒼老伯，家姐王月芳、徐敏生夫婦，盡力相助，

乃能渡過人生艱辛難關。

先室於三十三年春應試中華郵政貴州管理局郵務員考試及格，七月七日報到入局，奉派貴陽南門支局服務。由於月芳姐夫婦之介紹，與潤枰開始通信。適當年因公視察四、七、九戰區後勤業務，有機會得與潤枰在貴陽相敘。其後魚雁往返，感情日增，遂先行訂婚，翌年在重慶籌備結婚。潤枰為家庭幸福計，不惜向郵局請假候命，終於克服困難，於三十四年中秋節在重慶江蘇同鄉會來蘇堂舉行隆重婚禮，恭請老長官柳克述先生福證。

先室自貴州郵區入局後，先後在貴陽南門支局及江蘇郵區之南京鼓樓郵局，臺灣高雄郵局、左營郵局，臺北郵局包裹科、營業科、臺灣管理局會計科擔任業務員。臺北縣中和鄉於四十六年十一月設立第十郵亭，奉派擔任管理員，該郵亭升等為臺北郵局三十八支局，奉派升任支局長。嗣後調臺北師範大學第二十二支局長，以迄六十一年十月一日奉准退休，終其一生，奉獻郵政事業，為民服務。

先室與余婚後相敬相愛，甘苦與共。六戰區同仁譽為「賢妻良母」的模範。余倆育有子女各二，安分守己，忠厚待人，完成大學、博士教育，並自主婚嫁，自立門戶，即孫輩亦已完成大學教育。先室主持家務重和樂，家人勤儉樸實，一片祥和氣氛。

先室對余投入服務郵政暨社會教育事業，三十餘年來無怨無悔的支持，無論在精神上及財物上，不遺餘力，使余無後顧之憂，得以全力以赴。

　　先室一生為善，心地寬廣。溫良大度，任職治家，忠勤相許。尤樂於助人，盡力為之。彌留之際，仍囑捐助獎學金等，可見一斑。

　　余退休後與先室相約作環球之旅，稍紓余對先室持家之勞。每年中秋佳節，家人共渡良宵，不意今年因病先余而去。悲乎！使余陷入無限追思與痛悼。

　　　　　　　　杖期夫　王貽蓀於週年泣撰

　　　　　　　　民國九十二年一月十九日

後記

王正明
王貽蓀、杜潤枰長女

　　在整理掃描完成父母親在抗戰期間，由生活費的支援到相識、相戀、結為佳偶的信件後，正準備打成電腦文字檔時，無意間看到一只父親特藏的箱函。內有數本陳舊的書冊──父親的和母親的日記，以及父親在湖北受鄉政幹部訓練的結業手冊、受電信訓練的一本工整的通信隊無線電報技術筆記簿等。

　　當打開那本袖珍陳舊的練習簿仔細一看，竟是母親民國二十八年一月一日到十二月十七日，是她在與父母分手，獨自留在長沙九五後方醫院擔任看護中士工作半年後的日記。裡面密密麻麻用蠅頭小字，鉅細靡遺的記載了她那年的生活點滴及感想。一個十七歲初二肄業的少女，以細小且生澀的字跡和語句，但整齊的按日（並以火水木金土日月標記星期）記下那物質匱乏、變動年代的種種。母親唯一有次向我說道：「我在醫院後撤行軍時，在荒山野嶺的山路上，碰上生理期，當時用品粗糙且無法即時更換，走到大腿內側因乾血磨破皮，疼痛到寸步難行。後得醫官將其載具──轎子讓給我坐，才得解脫痛苦。」這是母親刻骨銘心的抗戰往事，也激勵我日後遇上生理狀況不再喊苦。在日記中讀到這段文字時，再三重讀，掩卷感嘆母親的耐苦，不禁留下淚來。

在後撤途中，母親終於得知教育部將在貴州銅仁創辦國
立三中，收容流亡青年免息貸款[1]就學。毅然辭職前往
爭取就學機會，歷經辛苦等待及轉折，終於考取復學初
三，並直升完成高中學業，還考上貴陽醫學院——她當
年繼續升學的目標。可惜僅就讀一學期，終因戰事嚴
峻，郵路不通與家鄉通訊中斷，財務接濟不上，忍痛休
學。為謀能獨立生活，考取郵政郵務員，使生活安定下
來，而成為母親終身的職業直至退休。在這段艱苦的求
學路上遇上困厄，母親就會以外祖父留給她的話：「耐
苦耐勞、守職勤儉。」激勵自己努力突破困難、堅持自
己的信念，令我敬佩不已母親朝向目標的毅力。另外在
日記中常提到的一件事——日軍漫天無差別的向平民聚
集地區的轟炸。無知、無辜的百姓和受傷的士兵，身家
財產的損害和犧牲，讓她深切痛心，充滿著悲憫之心，
更加深我對日本侵華的憤怒。

父親民國三十年的日記也是本泛黃封面鬆動的練習
簿，我立時找張白紙加固，便於日後翻看。這是父親考
入軍委會戰幹團第一團第六期[2]結訓後，分發見習開始
的日記。他把每日重要事件如分發調職行軍的經過、收
到家書的興奮、重要讀訓心得、身體狀況、與同事及兵
士的相處、待人處事原則與態度、心情感觸……等，都
仔細逐一記下。最後並附有大事記，讓我很快就明瞭父

---

1 在母親的高中畢業證書上，蓋著貸款國幣 1623元零角五分的印
  戳，背後貼著一張教育部頒發國立中等以上學校貸金償還辦法。
2 軍委會戰幹團為軍事委員會戰時工作幹部訓練團之簡稱，現都歸
  入陸軍軍官學校學生。

親在二十六年離開家鄉，奔赴後方的前後行止，以及求取知識和新出路的努力，終於皇天不負苦心人，投入正式軍旅，參與抗戰行列，繼而展開記錄人生的日記工作。他的日記持續到手無法握筆書寫小字[3]為止，都妥為保存。

此次編輯出版的日記，我僅閱讀了母親二十八年和父親三十年一半的內容，父母親的字跡有的很好辨識，有的則相當困難，編輯們非常辛苦的一一打印出來，我深深感佩與感謝！記得我看到父親在大事記中提到川湘公路二千公里的行軍[4]，在三十年元月，因戰幹團結業分發湖北恩施見習的川鄂公路行軍，到六月見習期滿調回四川黔江六戰區工作，再次沿川鄂公路行軍返回。特地去翻找出地圖，一一比對途經何地？確實是那時代中國人為抗戰而走的一小部分路啊！在見習期間遇上疫病流行，據說是傷寒，死了不少新兵，父親亦被感染，發燒吐血，後得大哥及同鄉的救濟，獲取極缺乏的藥物而痊癒，但落下瘦弱的體質，直至中年後才逐漸好轉。另

---

3 父親於八十四歲，母親過世後出現較明顯的巴金森症狀，執筆已不能書寫五字以上的字句，愈多字愈不成字形，即封筆不記日記。但仍能執毛筆寫中、大楷字，直至九十歲才停止毛筆習字。

4 川湘公路行軍，是父親二十七年受完鄉鎮人員訓練分發湖北江陵，工作一年餘受大哥力邀去廣西桂林另謀出路發展，與同時離職的二位好友轉往湖南沅陵，準備南行。不意大哥因大嫂已安抵昆明，離桂前往會合，且戰事亦延燒廣西而作罷。父親在沅陵發現正巧錯過戰幹團的招生，無奈只好先加入戰幹團的通信隊，學習無線電技術，駐瀘濱受訓。於二十八年四月奉令轉往四川綦江訓練。四月十五日沿川湘公路出發，至五月二十一日安抵綦江，完成二千公里行軍至四川綦江禹王廟，十一月完成基本教育，並展開實習，表現優異。十二月底得知戰幹團招生，在戰通隊請假獲准，前往應甲級試，得隊中唯一錄取者，終於謀得貫徹入團的初衷。

有件事是父親曾提起的：在戰幹團受訓期中，同學間發生異黨案，彼此間提報為共產份子，父親亦被列為嫌疑者，尚幸未被關禁閉，最後全身而退。當時對共產黨非常敏感，因此有部分同學遭難。父親很感慨的表示在紛亂不安的局勢中，人們互相不信任產生誤解，而彼此傷害，實為一大憾事！

　　父親自日軍侵入家鄉，離家奔赴大後方起，與親人聯絡收取的信件和大伯轉交的親人信件，三十年以後的日記和相關文件、證件等，以及母親的日記、證件和信件，他都妥善裝訂收存，隨身攜帶，跟著遷移，由江蘇江陰夏五鄉、石莊鎮，湖北武漢、江陵、恩施，湖南沅陵，四川綦江、黔江、新橋、重慶而江蘇南京，再渡海來到臺灣高雄左營，臺北市仁愛路、北投區、新北市（臺北縣）中和鄉、新店區，遷移、搬家不下十餘次，次次都完好如初。雖不幸於七十二年的九三暴雨，慘遭水淹損失一批日記、相片，但文件、信件都及時搶救未有損傷，真是大幸！這批編輯了父、母親在抗戰時的生活記實日記，每每翻看，字字如畫面呈現眼前，感受他（她）的經歷與傷痛，不是我輩所能想像的。回看那個時代，這些隻字片語或許能給歷史留下一些跡證，現能編輯成書，也不枉父親辛苦的保存與收藏。

民國日記 27

流離飄萍：
杜潤枰戰時日記（1939）
The Diary of Tu Jun-ping, 1939

原　　著　杜潤枰
編　　者　民國歷史文化學社編輯部
總 編 輯　陳新林、呂芳上
執行編輯　李佳若
審　　訂　王正明
美術編輯　溫心忻

出 版 者　開源書局出版有限公司
　　　　　香港金鐘夏慤道 18 號海富中心
　　　　　1 座 26 樓 06 室
　　　　　TEL：+852-35860995

　　　　　民國歷史文化學社
　　　　　10646 台北市大安區羅斯福路三段
　　　　　　　　37 號 7 樓之 1
　　　　　TEL：+886-2-2369-6912
　　　　　FAX：+886-2-2369-6990

銷 售 處　深流成文化 股份有限公司
　　　　　10646 台北市大安區羅斯福路三段
　　　　　　　　37 號 7 樓之 1
　　　　　TEL：+886-2-2369-6912
　　　　　FAX：+886-2-2369-6990

初版一刷　2020 年 2 月 27 日
定　　價　新台幣 300 元
　　　　　港　幣　80 元
　　　　　美　元　11 元
I S B N　978-988-8637-53-9
印　　刷　長達印刷有限公司
　　　　　台北市西園路二段 50 巷 4 弄 21 號
　　　　　TEL：+886-2-2304-0488